Claude-Suzanne **Didierjean-Jouveau**
Illustrations : Daphné **Dejay**

Ma première année avec bébé :
l'album tendresse de la jeune maman

jouvence
EDITIONS

De la même auteure aux Éditions Jouvence :

Allaiter plus longtemps
L'allaitement maternel
Petit guide de l'allaitement pour la mère qui travaille
L'art d'avancer en âge
Ne pleure plus bébé !
Porter bébé
Pour une parentalité sans violence

Catalogue gratuit sur simple demande.

ÉDITIONS JOUVENCE

France : BP 90107 – 74161 Saint-Julien-en-Genevois Cedex
Suisse : Route de Florissant 97 – 1206 Genève
Site Internet : www.editions-jouvence.com
E-mail : info@editions-jouvence.com

ISBN : 978-2-88911-916-5

Maquette et montage de couverture : Morgane Postaire
Maquette intérieure et mise en pages : Stéphanie Roze
Illustrations de couverture et intérieur : Daphné Dejay

Sommaire

Bienvenue à

. . . .

Mon enfant est né le . . . .

À . . . . heure(s)

Dans la ville de . . . .

Son poids est de . . . kg

et il ou elle mesure . . . cm.

Son arbre généalogique

Papa et Maman, racontez sa naissance :

Introduction

En 2005 est sorti le petit album *On a volé mes tétés!* dessiné par Daphné Dejay. J'ai tout de suite flashé sur ses dessins joyeux et colorés. Et quand, peu de temps après, je l'ai rencontrée, l'envie d'un agenda illustré par elle nous est venue. Ensuite est arrivée l'idée d'un agenda perpétuel, couvrant toute la première année après la naissance, et celle d'y mettre aussi des textes que j'écrirais.

J'avais envie d'écrire ce qui, dans ma tête, s'intitulait *Antimanuel de puériculture*. Un livre qui ne dirait pas aux parents : « Il faut faire ceci, il ne faut pas faire cela. » Un livre qui leur dirait que la vie avec un bébé, ce n'est pas obligatoirement une journée réglée comme du papier à musique, avec le bain à 9 heures, le biberon à midi, la sieste à 14 heures et le coucher à 20 heures. Un livre qui leur dirait qu'on peut avoir un bébé sans s'encombrer de tout le matériel de puériculture qu'on trouve dans les magasins (ou, pour reprendre un titre déjà pris, « il y aura l'âge des choses légères »…). Un livre qui leur donnerait d'autres pistes que celles qu'on trouve dans les manuels classiques, des pistes centrées sur un maternage « proximal », prônant les valeurs de l'attachement entre parents et enfant.

Ce livre, magnifiquement illustré par Daphné, avec ses personnages volontairement sans visage où vous n'aurez aucun mal à vous projeter, est d'abord paru en 2008. Il reparaît aujourd'hui, dans un nouveau format. J'espère qu'il vous plaira, et qu'il vous accompagnera en douceur tout au long de cette première année où il se passe tant de choses.

Une dernière précision : la forme de l'agenda nous a obligées à attribuer chaque sujet à une semaine en particulier, mais n'hésitez pas à le feuilleter, à consulter l'index, et à lire la semaine 30 même si votre bébé n'a que trois semaines !

Semaine 1

De retour à la maison avec bébé

Vous voilà de retour de la maternité, il y a un nouvel habitant dans la maison ! Ou peut-être est-il déjà là, si vous avez accouché chez vous. Les premiers temps, c'est lui qui va être prioritaire, car ses besoins ne peuvent pas attendre. Et tout le reste est accessoire ! Ménage, courses, cuisine, visites… tout cela peut attendre ou peut être délégué.

Si tant de nouvelles mères se plaignent d'être fatiguées, c'est entre autres parce qu'elles veulent, dès la sortie de la maternité, reprendre leurs activités comme si de rien n'était. Elles veulent trop en faire, elles ne supportent pas que la maison ne soit pas propre et rangée. Elles devraient plutôt s'inspirer des sociétés traditionnelles, où la jeune accouchée ne fait rien d'autre pendant tout un temps (souvent quarante jours) que s'occuper de son bébé. Donc n'hésitez pas à faire appel à toutes les bonnes volontés – mère, belle-mère, frères et sœurs, ami(e)s, voisin(e)s… – pour s'occuper des aînés, faire les courses, nettoyer la maison, faire à manger, etc.

Et plutôt qu'un énième doudou, demandez plutôt en cadeau de naissance un plat préparé à réchauffer, voire un bon pour des heures de femme de ménage ou de travailleuse familiale[1]. Ainsi, vous pourrez tout à loisir découvrir votre nouveau bébé et répondre à ses besoins, l'allaiter quand il le réclame, rester couchée avec lui quand il dort et vous reposer. Et le papa lui aussi devrait pouvoir, les premiers temps, ne rien avoir d'autre à faire qu'apprendre à connaître son bébé et l'aimer !

Comment se faire aider pour pouvoir se consacrer à bébé ?

Semaine 2

Un bébé, est-ce que ça coûte cher ?

Régulièrement, les magazines de puériculture grand public publient des articles chiffrant le budget que représente l'arrivée d'un bébé. D'où l'impression que, pour être de « bons parents », il faut, avant et après la naissance, acheter ou se faire offrir tout un matériel qui, les premiers mois, va transformer l'appartement en annexe de magasin de puériculture. Tous ces objets sont-ils vraiment indispensables ? La réponse est non.

Si on allaite, pas besoin d'acheter biberons, stérilisateur, produits de stérilisation (et même si on n'allaite pas : les recommandations de l'AFSSA – Agence française de sécurité sanitaire des aliments – en 2006[2] disent bien que « d'une façon générale, à domicile, il n'y a pas lieu de stériliser les biberons »).

Si on prévoit de porter le bébé, pas besoin d'une poussette hypersophistiquée, un bon porte-bébé (hamac, écharpe de portage, porte-bébé « chinois ») suffira ; un achat utile, pour une fois[3].

Si on prévoit de garder son bébé avec soi pour la nuit, pas besoin d'un lit coûteux (mais on peut avoir envie d'un berceau « *side-bed* », plutôt que d'avoir le bébé dans son lit).

En résumé, de quoi a-t-on vraiment besoin ? D'un bon porte-bébé, d'un bon siège auto si l'on prévoit de transporter le bébé en voiture, de quelques bons livres ou sites Internet donnant une information de qualité. Et d'un réseau de personnes qualifiées et soutenantes auxquelles s'adresser en cas de doutes et de questions !

De quoi avons-nous réellement besoin pour bien accueillir bébé ?

. . . .

. . . .

. . . .

. . . .

. . . .

Semaine 3

Jours de pointe

À certaines périodes, les bébés allaités se mettent brusquement à réclamer beaucoup plus souvent à téter. Cela se produit généralement vers trois semaines, six semaines et trois mois. Auparavant, on appelait ces périodes « poussées de croissance », car on pensait qu'elles correspondaient à des moments où le bébé grandissait et grossissait, ce qui engendrait des besoins accrus.

On remet aujourd'hui en question cette explication[4]. Mais, quoi qu'il en soit et quelle que soit la cause, le piège, à ce moment-là, est de croire (et ce d'autant plus que tout l'entourage familial et médical vous le dit et vous le redit) qu'on n'a pas/plus assez de lait ou que ce lait n'est pas/plus assez riche, et en conséquence de commencer à donner des compléments de lait artificiel.

Alors qu'il suffit de laisser le bébé téter aussi souvent et aussi longtemps qu'il veut pour voir les choses revenir « à la normale » en quelques jours.

Et n'oubliez pas que l'alimentation n'est pas la seule fonction de l'allaitement : le bébé peut avoir envie de téter davantage, mais pas uniquement parce qu'il a faim !

Semaine 4

Allaiter sans montre ni horloge

Que dirions-nous si un restaurant affichant « buffet de crudités à volonté » nous interdisait de prendre plus de 30 g de carottes râpées et de mettre plus de 5 minutes à manger tout notre repas? Nous crierions à l'arnaque et à la publicité mensongère! Pourtant on ne s'étonne même pas de lire ou d'entendre des phrases du genre: « Allaitez à la demande, mais pas plus que toutes les deux heures et demie », « Allaitez à la demande, dix minutes à chaque sein » ! C'est-à-dire qu'on présuppose que la demande de tous les bébés, à tout âge, à tout moment de la journée, va être la même...

Lorsque je suis confrontée à ce genre de questions, il m'arrive souvent de raconter la mésaventure arrivée à une équipe d'anthropologues partis étudier les méthodes de puériculture chez les Boschimans, dans le désert du Kalahari (au sud de l'Afrique). Ayant voulu comptabiliser le nombre de « tétées » pendant vingt-quatre heures, ils arrivèrent au chiffre de quatre-vingt-dix! Le bébé avait en fait accès au sein jour et nuit, et le prenait plusieurs fois par heure pour de très courtes périodes. On est loin des six ou sept tétées prônées auparavant (les experts parlent maintenant d'un nombre variant en moyenne de huit à douze).

De fait, le succès de l'allaitement, au moins pour les premières semaines, s'accommode très mal de tout le minutage qu'on veut lui imposer. Et le meilleur conseil à donner à une nouvelle mère en matière d'allaitement serait peut-être bien de ranger au fond d'un placard tout ce qui ressemble à une montre, un réveil, ou une pendule...

Racontez sa première tétée :

. . . .

. . . .

. . . .

. . . .

. . . .

AMOUR

Semaine 5

Où dort bébé ?

Si les « problèmes » de sommeil ne semblent pas exister de la même façon dans les cultures autres que la nôtre, c'est essentiellement grâce au sommeil partagé. Quand, chaque fois que le bébé se réveille, on doit se lever, aller dans sa chambre, le prendre dans les bras, essayer de le rendormir tant bien que mal… et recommencer tout cela deux heures plus tard, alors oui, les réveils nocturnes deviennent un « problème ». Père et mère sont bien vite épuisés par le manque de sommeil et les nuits hachées. Et la tentation est grande alors de suivre les conseils de l'entourage et de certains experts, à savoir laisser pleurer l'enfant quelques nuits pour qu'il « apprenne » à dormir sans se réveiller.

Alors que si le bébé est là, tout proche, et qu'on peut l'apaiser (souvent en lui donnant le sein) sans avoir à se réveiller complètement, la nuit se passe sereinement pour tout le monde. Et l'on se réveille au matin, frais et dispos, souvent sans même se souvenir de s'être réveillé dans la nuit. Le sommeil partagé, ou « cododo », ne signifie pas obligatoirement que le bébé est dans le lit des parents. Ce n'est là qu'une des modalités du sommeil partagé, qui permet en fait une grande souplesse : enfant dans le lit des parents, enfant sur un petit matelas par terre ou dans un petit lit à côté du lit des parents, enfant dans un berceau « *side-bed* », etc.[5]

Les premières nuits :

. . . .

. . . .

. . . .

. . . .

. . . .

. . . .

. . . .

. . . .

. . . .

. . . .

. . . .

. . . .

. . . .

. . . .

. . . .

. . . .

. . . .

. . . .

Les premières journées :

Semaine 6

Le bain quotidien est-il obligatoire ?

Si l'on en croit la plupart des manuels de puériculture, le bain quotidien ferait partie des incontournables de la journée de bébé. Pour certains même, il devrait se faire toujours au même moment de la journée, ce moment variant selon les auteurs, les uns privilégiant le matin, d'autres optant pour la fin de journée.

Or, de nombreux bébés ne semblent pas apprécier ce moment, et pleurent systématiquement, soit quand on les savonne avant de les plonger dans l'eau, soit quand on les sort de l'eau, voire pendant le bain lui-même. Aux nouveaux parents, j'aimerais dire : votre bébé n'a pas une activité telle qu'il ait besoin d'un récurage quotidien ! Si le bain est un moment de plaisir pour vous et votre bébé, très bien, ne vous en privez pas. Mais si c'est une corvée pour vous et un mauvais moment pour lui, vous pouvez fort bien vous en passer.

On pourrait penser que le contact de l'élément liquide permet au bébé de retrouver des sensations intra-utérines et devrait donc lui être agréable. C'est incontestablement le cas pour certains, mais, pour d'autres, les changements de température (notamment quand on les sort de l'eau) et le fait de se sentir perdus dans la baignoire – alors qu'ils étaient bien contenus dans l'utérus, en fin de grossesse – semblent franchement désagréables. D'où l'idée d'utiliser une sorte de baignoire beaucoup plus petite et ronde, où le bébé est quasiment en position fœtale et bien « contenu »[6], voire de prendre le bain avec lui, le corps du père ou de la mère faisant alors office de « contenant ».

Comment se sont passés les premiers bains ?

Anecdote :

Semaine 7

Masser bébé

L'Europe occidentale n'a guère de traditions en matière de massage des bébés. Elle est donc allée chercher là où ces traditions existent, en Afrique et en Asie, plus particulièrement en Inde[7]. Depuis quelques années, les ateliers où les parents peuvent apprendre à masser leur bébé se sont multipliés, ainsi que les ouvrages qui permettent de se lancer tout seul[8].

Le message est partout le même : « Il faut nourrir les bébés ; nourrir leur peau tout autant que leur ventre, leur apporter un sentiment de paix, de sécurité… Les bébés ont besoin de lait, oui. Mais plus encore d'être portés, bercés. Être tenus, être massés, voilà autant de nourriture pour les petits enfants. » (Frédérick Leboyer)

On sait maintenant l'importance de la peau, récepteur sensoriel extraordinaire, l'importance du toucher[9], les bénéfices du massage pour l'enfant (réduction du stress, meilleur éveil et meilleur sommeil, influence sur les fonctions immunitaires, diminution des coliques, meilleur schéma corporel, etc.) et pour le parent (plaisir de masser, meilleure communication avec l'enfant). Mais il ne faudrait pas faire du massage un nouveau rite, un nouveau *must* de la puériculture, à caser obligatoirement dans la journée de bébé. Masser son enfant n'a d'intérêt que si c'est un plaisir partagé, si le parent ET l'enfant en ont envie au même moment. Quand c'est le cas, le massage est pour les parents une façon particulièrement agréable et intense d'entrer en contact avec leur enfant et de lui manifester leur amour.

Semaine 8

Porter bébé

Si on le compare à d'autres petits de mammifères, le bébé humain naît dans un état d'« inachèvement » et de prématurité très important. Cette immaturité explique le grand besoin de contact physique qu'ont les petits d'homme, de jour comme de nuit. Et c'est ce besoin que permettent de combler le cododo la nuit (voir « Où dort bébé? », semaine 5) et le portage le jour.

La proximité corporelle induite par le portage permet au bébé de se retrouver en « terrain connu » (toucher, agrippement, odeur, voix...). Elle lui apporte confort et sécurité, diminue les pleurs et les coliques, facilite l'allaitement, aide à l'endormissement et participe à son développement moteur. Elle permet aux parents à la fois d'être sensibles aux besoins de l'enfant et d'y répondre très rapidement, souvent sans même que celui-ci ait besoin d'aller jusqu'aux pleurs, renforçant ainsi les liens parents/enfant[10]. Le portage est également très pratique en ce qu'il permet de répondre aux besoins de l'enfant tout en faisant autre chose: le ménage, la cuisine, les courses, une randonnée, s'occuper d'un autre enfant, etc. C'est comme des bras supplémentaires! On peut en effet porter longtemps un enfant sans abîmer son dos, à condition d'utiliser un mode de portage adapté, où le corps de l'enfant est bien « plaqué » contre celui du porteur (hamac, écharpe de portage ou pagne). Avec un enfant « bien porté », on peut aller partout, et notamment dans des endroits où les poussettes même les plus ergonomiques vont difficilement, que ce soit les escaliers du métro ou des chemins de campagne défoncés!

Semaine 9

Retrouver les sensations intra-utérines

Les premières semaines, beaucoup de bébés ont besoin de se sentir « contenus », comme ils l'étaient dans l'utérus, sans quoi ils se sentent désorganisés et perturbés. Après des décennies où l'on a vilipendé l'emmaillotement comme privateur de la liberté de mouvement, on redécouvre depuis peu ses vertus pour calmer et endormir les bébés. Le fait notamment d'avoir les bras maintenus contre le corps les empêche d'avoir ces mouvements désordonnés qui souvent les réveillent. Dans son ouvrage *Le plus heureux des bébés*[11], Harvey Karp décrit en détail la technique d'emmaillotement et explique pourquoi ça marche.

Une des autres techniques qu'il indique pour calmer un bébé qui pleure consiste à lui faire « chuuuuuuuuut ». Le son « shhhh », pour dire à quelqu'un de « baisser le son », se retrouve dans la plupart des langues et des cultures (« hush » en anglais, « soos » en arménien, « shuu » en vietnamien) et imite le bruit de la circulation sanguine qu'entend le fœtus quand il est dans l'utérus. D'où son effet calmant. À noter que ce n'est pas un bruit faible puisqu'on l'estime entre 75 et 88 décibels! Ce « bruit blanc » ressemble également à celui des séchoirs à cheveux et des aspirateurs. Ce qui pourrait expliquer l'effet calmant de ces derniers, observé par un certain nombre de parents[12]!

Semaine 10

Tirer son lait

Chaque fois qu'une mère est séparée de son bébé, quelles que soient les raisons et la durée de cette séparation (bébé prématuré ou hospitalisé, absences occasionnelles, reprise du travail), si elle l'allaite, elle peut souhaiter qu'il continue à recevoir la meilleure nourriture possible, à savoir son propre lait. Dans ce cas, elle devra tirer du lait qui lui sera donné en son absence. On peut tirer à la main (cela devrait être montré à la maternité, car cela peut toujours servir) ou avec un tire-lait, manuel ou électrique.

Tirer son lait ne doit pas faire mal. Si c'est le cas, il est probable que la technique ou le tire-lait employé ne soient pas les bons. La location d'un tire-lait électrique (préférer un tire-lait moderne double pompage) est remboursée par la sécurité sociale. Il ne faut pas s'inquiéter si, les premières fois, on n'obtient rien ou seulement quelques gouttes (c'est pourquoi tirer son lait pour vérifier si on a du lait ou non est une très mauvaise idée!). [illegible]s un petit temps d'apprentissage, le lait jaillira aussi dans le tire-lait.

Le lait maternel se conserve beaucoup mieux et plus longtemps qu'on ne le croit généralement, notamment au réfrigérateur (sachant que le lait simplement réfrigéré est à préférer au lait congelé, car la congélation détruit certains de ses facteurs anti-infectieux)[13].

Pour éviter le risque de confusion sein/tétine pouvant être engendré par le biberon, le lait peut être donné au bébé dans d'autres récipients : gobelet, *SoftCup®*, cuillère, pipette à médicaments…

Semaine 11

La question de confiance

La confiance en ses capacités en tant que parent est une denrée précieuse, facilement battue en brèche. Quand on devient parent, on se trouve tout à coup la cible de critiques et/ou de recommandations de tout un chacun : la mère, la belle-mère, la grand-mère, la meilleure amie (même si elle n'a pas elle-même d'enfants...), la voisine, le médecin, le collègue de bureau...

Tout le monde se sent autorisé à donner son avis sur ce qu'il faut faire et ne pas faire avec le bébé. Jusqu'à la vieille dame qu'on croise sur le trottoir, qu'on ne connaît ni d'Ève ni d'Adam, mais qui va faire une remarque sur le fait que « ce bébé devrait avoir un bonnet »...

Pourtant, les vrais « experts » de l'enfant, ce sont bien ses parents. Ce sont eux qui le connaissent le mieux (ne dit-on pas « je le connais comme si je l'avais fait » ?!), qui savent ses besoins et la façon d'y répondre, qui ont observé ses réactions dans telle ou telle circonstance. Bien sûr, rien n'interdit de s'informer, de demander conseil, car on peut être très désemparé devant un nouveau-né. Mais il faut bien choisir les personnes auxquelles on demande conseil. Si, au lieu de la renforcer, elles sapent systématiquement la confiance en soi des nouveaux parents, mieux vaut les fuir aussitôt ! Et s'adresser plutôt à quelqu'un qui aura fait sien l'avertissement du psychanalyste Daniel Stern aux professionnels de l'enfance[14] : « Il ne faut jamais critiquer une mère. Elle sait mieux que vous ce qui ne marche pas, les mères sont parfaitement compétentes pour regarder ce qui se passe autour d'elles. »

Semaine 12

Touche pas à mon zizi !

On lit souvent dans les manuels de puériculture le conseil de décalotter doucement et régulièrement le pénis des petits garçons. Beaucoup de médecins donnent le même conseil aux mères. On en voit même qui, lors d'une visite de routine et sans prévenir les parents, se permettent de décalotter brutalement l'enfant, estimant sans doute que « c'est une bonne chose de faite »...

Un tel geste – qu'il soit doux ou brutal – est à la fois inutile et potentiellement traumatisant. Comme le dit le pédiatre Aldo Naouri[15], « sur une verge d'enfant, il ne faut RIEN faire, RIEN. Ni tirer doucement, ni tirer fortement. Ni dilater ni faire coulisser. Il n'y a pas plus à faire que sur le bout du nez ou sur les doigts de pied ». En effet, à la naissance, la verge du petit garçon est un organe qui n'a pas achevé son développement, lequel se poursuivra tout au long de la petite enfance, de l'enfance et de l'adolescence. En particulier, « le feuillet interne du prépuce n'est pas encore clivé du feuillet superficiel du gland, et ce sont les processus progressifs du développement qui en assureront la différenciation ».

Vouloir à toute force décalotter, que ce soit doucement ou pas, risque donc, en plus d'être douloureux, de provoquer des déchirures et donc des « adhérences », choses que le décalottage était censé éviter ! Quant à l'argument de l'hygiène, comme le dit Martin Winckler, le prépuce est « autonettoyant », et « les sécrétions préputiales aussi normales que les sécrétions vulvaires chez la petite fille[16] ».

Semaine 13

Couches jetables, couches lavables, sans couches ?

À leur apparition dans les années 1970, les changes complets jetables sont apparus comme un grand progrès et une libération. Mais depuis quelques années, un certain nombre de parents s'interrogent : n'auraient-ils pas finalement plus d'inconvénients que d'avantages ? Du coup, les couches lavables (qui, soulignons-le, n'ont plus grand-chose à voir avec ce qui se faisait dans les années 1950) font un retour en force. Même si leur utilisation reste encore très minoritaire en France (alors qu'en Allemagne, elles sont majoritaires depuis quelques années), les sites et boutiques Internet qui en proposent se multiplient.

À leur actif :

- Le coût : on calcule que pour un enfant, on peut économiser, jusqu'à l'acquisition de la propreté, de 500 à 900 euros ; et, comme on peut les réutiliser pour les enfants suivants, l'économie est encore plus substantielle.
- L'absence de produits chimiques, notamment le polyacrylate de sodium contenu dans le gel absorbant des couches jetables, dont l'innocuité n'est pas garantie.
- Leur impact sur l'environnement considérablement moindre que celui des couches jetables qui peuvent mettre des dizaines, voire des centaines d'années à se dégrader dans la nature ; quand on sait que, pour chaque enfant, cela correspond à plus d'une tonne de déchets résidus jusqu'à ses deux ans et demi, on imagine ce que cela représente à l'échelle de la planète...

Plus radicaux encore, certains parents ont entrepris d'élever leur enfant sans recourir du tout aux couches, se fiant à leur capacité à reconnaître les signaux envoyés par celui-ci quand il a besoin d'éliminer[17].

Mon bébé et les couches

Il porte :

- des couches jetables
- des couches lavables
- pas de couches

Anecdote :

Semaine 14

Mais que fait le père ?

Autrefois, les choses étaient simples : le père pourvoyait par son travail au bien-être de la famille, et laissait tous les soins des petits à la mère. Puis est arrivé dans les années 1970 le « nouveau père », censé faire « tout comme la mère ». Aujourd'hui, de plus en plus de pères souhaitent s'impliquer très tôt dans les soins à leur bébé (voir le succès du congé de paternité).

Du coup, l'allaitement peut sembler à certains comme un obstacle à cette implication, dans la mesure où seule la mère peut le faire. Certaines futures mères, anticipant cette revendication supposée, envisagent dès la grossesse de faire un allaitement mixte ou de tirer leur lait pour que le père puisse donner des biberons.

En fait, quand le bébé est là, la plupart des pères se rendent compte que, si l'allaitement crée un lien si fort entre la mère et l'enfant, c'est à cause du contact physique et répété qu'il suppose, et que bien d'autres gestes qui leur sont tout à fait accessibles permettent ce contact physique et répété : changes, bains de et avec le bébé, promenades, jeux, massages, portage, bercement, endormissement, diversification alimentaire quand le moment sera venu, etc. Et n'oublions pas un autre rôle très important du père : protéger la mère et le bébé « contre tout ce qui tend à s'immiscer dans le lien existant entre eux, ce lien qui constitue l'essence et la nature même des soins maternels » (D.W. Winnicott). Et Dieu sait qu'une mère qui allaite a besoin de quelqu'un pour la protéger de ceux qui veulent s'immiscer dans ce lien, voire le détruire...

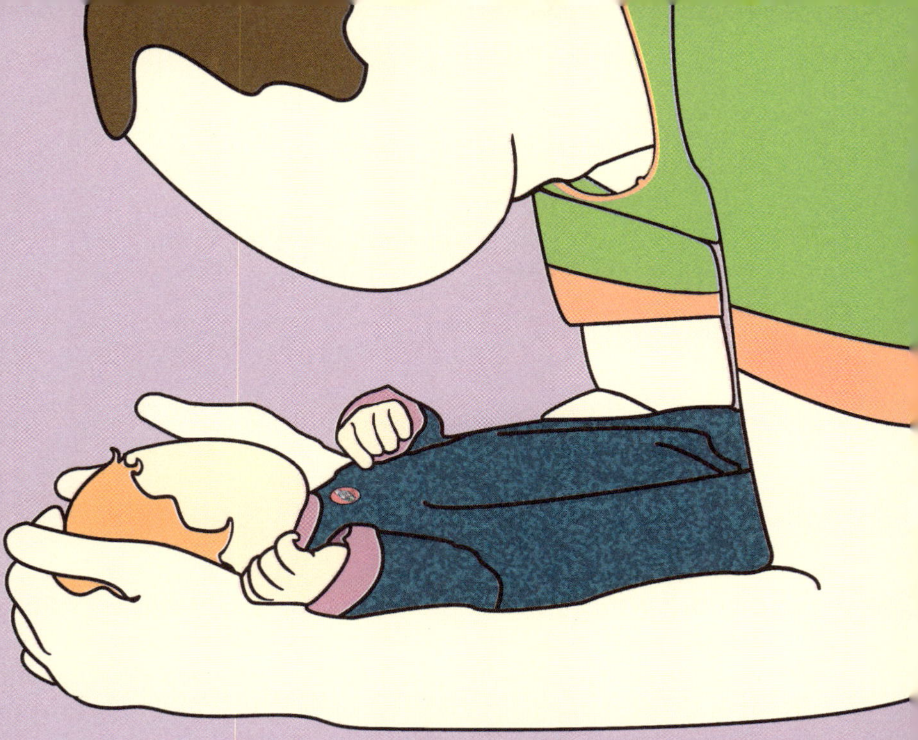

Tout ce que fait papa pour nous :

. . . .

. . . .

. . . .

. . . .

. . . .

. . . .

. . . .

. . . .

. . . .

Semaine 15

Endormir bébé

La façon dont l'enfant est censé s'endormir et la façon dont il est censé passer la nuit sont étroitement liées. Ceux qui prônent le « sommeil solitaire » sont aussi ceux qui recommandent que l'enfant soit couché éveillé, qu'on ne l'accompagne pas dans le sommeil par une tétée, une berceuse, le bercement... Leur raisonnement – qui se tient – est que, si l'on veut que l'enfant puisse se rendormir tout seul quand il se réveille dans la nuit, il faut qu'il sache s'endormir tout seul au début de la nuit.

Quelques rituels du coucher, tels que chansons, histoires, câlins, sont admis, mais on se doit de quitter l'enfant alors qu'il n'est pas encore endormi, et de l'abandonner au seul réconfort du fameux et incontournable « doudou ». Dans presque toutes les cultures autres que la nôtre, au contraire, on accompagne l'enfant dans le sommeil : en s'allongeant à son côté, en l'endormant au sein, en le berçant (dans les bras, dans un berceau ou dans un hamac comme en Amérique latine), en lui chantant des berceuses, en faisant des bruits de bouche, des tapotements rythmiques (notamment en Afrique)...

Une étude faite à Taiwan, où 96 % des parents restaient à côté de l'enfant pour l'endormir, parle de cet « accompagnement silencieux » comme de « la forme la plus "pure" d'accompagnement puisqu'il s'exerce sans geste particulier [...]. Plus que les différents rituels d'endormissement, c'est cette présence parentale qui compte le plus pour l'enfant[18] ».

Alors n'hésitez pas à accompagner votre bébé dans le sommeil de la façon qui vous convient !

Comment s'endort mon bébé ?

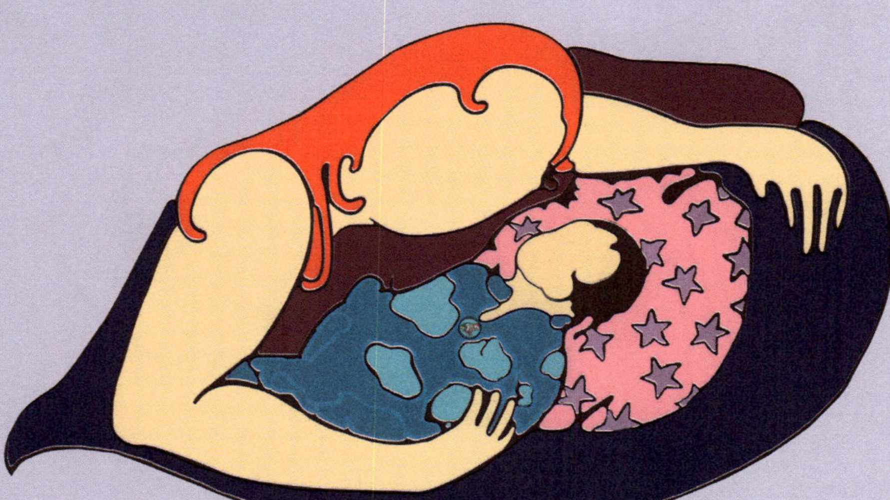

Semaine 16

Soulager la douleur des bébés

Pendant longtemps, on ne s'est pas préoccupé de soulager la douleur de l'enfant malade, blessé, opéré…, le croyant insensible (on opérait des prématurés à cœur ouvert sans anesthésie…). On sait maintenant à quel point cette douleur peut être terrible (d'autant plus que le bébé n'a pas encore les moyens de comprendre ce qui lui arrive) et laisser des traces indélébiles. Et on sait la soulager, que ce soit par des médicaments ou des traitements non médicamenteux : succion d'une sucette, solution sucrée, contact peau à peau, tétée au sein[19]…

Eh oui, si vous allaitez votre bébé, sachez que vous disposez d'un merveilleux moyen de soulager sa douleur : si on doit lui faire une prise de sang, une piqûre, un vaccin ou tout autre geste douloureux, le fait qu'il soit au sein pendant ce geste va très fortement diminuer sa douleur, voire la supprimer complètement. C'est ce que montre une étude faite à l'hôpital de Poissy/Saint-Germain sur des nouveau-nés subissant une prise de sang : ceux qui étaient au sein à ce moment-là manifestaient une douleur estimée à 1 sur l'échelle « Douleur aiguë du nouveau-né », contre 10 (la plus forte douleur selon cette échelle) pour ceux à qui on s'était contenté de donner de l'eau.

En tout état de cause, ne laissez pas votre bébé souffrir alors qu'il pourrait être soulagé. À l'hôpital, renseignez-vous sur les protocoles antidouleur et veillez à ce qu'ils soient appliqués. Et pour un vaccin, une piqûre, si vous n'allaitez pas, pensez au patch Emla®, à la sucette, à l'eau sucrée.

Semaine 17

Pleurs du soir, coliques...

Il est fréquent que les bébés pleurent davantage en fin de journée (on a pu chiffrer les « pleurs du soir » à 40 % des pleurs de la journée). On attribue cela à diverses raisons. Peur de la nuit qui approche? Excitation due au retour du papa à la maison? Accumulation des stress pendant la journée jusqu'au moment où « ça pète » (et ce d'autant plus qu'à la naissance, le système de gestion du stress est loin d'être au point) ? Les bébés qui ont des coliques les premiers mois ont également l'air d'en souffrir davantage en fin de journée. Mais peu importe la raison de ces pleurs, les parents n'ont alors qu'une envie: soulager leur bébé pour qu'il arrête de pleurer.

Pour cela, toutes les pratiques associées au maternage « proximal » peuvent aider: donner le sein, porter, bercer, masser... Une étude menée en 1986 au Canada a ainsi montré qu'à six semaines, les bébés des mères auxquelles on avait demandé de les porter davantage avaient 43 % de pleurs en moins sur vingt-quatre heures, et jusqu'à 51 % de pleurs en moins en soirée (de 16 heures à minuit) que les bébés du groupe contrôle[20]. Autre chose à faire quand votre bébé pleure de façon inconsolable en fin de journée: sortir (même s'il fait nuit, même s'il fait froid) et faire le tour du pâté de maisons, ou le mettre dans le siège auto et faire un tour en voiture. Vous verrez, cela fera du bien à tout le monde. Et si sortir ne vous dit décidément rien, un bon bain chaud avec bébé, ce n'est pas mal non plus!

Chez nous, qu'est-ce qui marche pour soulager les pleurs ?

Semaine 18

Reprendre le travail, poursuivre l'allaitement

Beaucoup croient encore que la reprise du travail signe nécessairement la fin de l'allaitement. Eh bien non! De plus en plus de femmes le démontrent jour après jour: il est tout à fait possible de poursuivre l'allaitement tout en travaillant. Plusieurs options sont possibles et éventuellement cumulables. On peut continuer à allaiter à la demande dès qu'on a l'enfant avec soi (matin, soir, nuit, jours de congé, vacances…). Pendant les périodes où il est gardé, il recevra, selon son âge, du lait artificiel ou/et des solides. On peut, si l'enfant est gardé non loin du lieu de travail, voire sur le lieu de travail (crèche d'entreprise), aller l'allaiter dans la journée. Enfin, on peut, si l'on souhaite qu'il continue à bénéficier d'un allaitement exclusif, tirer son lait[21], pour qu'il lui soit donné par les personnes qui le gardent.

De plus en plus de structures d'accueil (par exemple les crèches de la Ville de Paris, ou les crèches départementales en Seine-Saint-Denis) prévoient ces trois possibilités. Si on vous le refuse pour de fallacieuses raisons d'hygiène ou d'organisation, n'hésitez pas à vous renseigner et à argumenter! Il faut savoir aussi que la loi prévoit, pendant toute la première année de l'enfant, des « pauses d'allaitement » de deux fois une demi-heure pour aller allaiter l'enfant ou pour tirer son lait[22].

J'ai repris le travail le : ....

à temps complet

à temps partiel (...%)

Nous avons trouvé une structure ou une personne qui permet de continuer l'allaitement :

Nom ....

Adresse : ....

....

Un tire-lait a été utilisé ? Si oui, racontez :

....

....

....

....

....

....

Mes ressentis lorsque j'ai laissé mon bébé pour la première fois ?

. . . .

. . . .

. . . .

. . . .

Et ceux du papa ?

. . . .

. . . .

. . . .

. . . .

Et ceux de bébé ?

. . . .

. . . .

. . . .

Semaine 19

Doudou or not doudou ?

De nos jours, il semble quasi obligatoire pour un petit d'avoir un « objet transitionnel » (doudou, couche en tissu, bout de tissu quelconque, nounours ou autre peluche, etc.) ou un « geste transitionnel » (essentiellement le fait de sucer son pouce). Pourtant, nombreuses sont les mères qui, pratiquant un maternage « proximal » (allaitement long, portage, sommeil partagé, séparations moins précoces et moins nombreuses qu'en moyenne), ont constaté une absence de doudou.

Une étude avait par exemple observé que seuls 18 % des enfants coréens (plus susceptibles d'avoir dormi avec leur mère et d'avoir été allaités longtemps) étaient attachés à un objet transitionnel (OT). D'autres études ont confirmé que les enfants dormant seuls et devant s'endormir seuls ont davantage tendance à utiliser un OT que ceux qui dorment avec leur mère et s'endorment dans ses bras. Cela accrédite l'idée selon laquelle l'utilisation d'un OT n'est pas universelle et n'est pour l'enfant qu'une façon de s'adapter aux pratiques de ses parents.

Comme l'écrivait Desmond Morris dans *Le Bébé révélé*, en parlant des bébés attachés à un doudou : « Ceux-là ont de la chance car, quand ils restent seuls, ils se sentent un peu moins malheureux que ceux qui n'ont aucun réconfort. Pour cette raison, les doudous font plus de bien que de mal. En fait, on ne peut rien leur reprocher, malgré ce qu'en pensent certains, pour qui cet attachement n'est pas naturel. Ce qui n'est pas naturel, ce n'est pas le doudou, mais l'habitude de laisser seuls les tout-petits quand on les couche. »

Son doudou préféré (s'il en a un) est :

. . . .

. . . .

. . . .

. . . .

. . . .

. . . .

Il a été offert par :

. . . .

. . . .

. . . .

. . . .

. . . .

. . . .

Anecdote :

Semaine 20

Quand les parents ne sont pas d'accord

À la naissance de son premier enfant, chaque parent arrive avec son propre bagage, son histoire, ses attentes, ses expériences, ses fantasmes, et en général un manque total d'information sur le développement des enfants, leurs besoins, leurs rythmes… Ce qui explique que des divergences puissent apparaître entre le père et la mère quant à l'éducation des enfants. Si cela se produit, la première action est évidemment d'identifier ces divergences, d'arriver à en discuter sans vouloir obligatoirement « l'emporter » sur l'autre, de partager l'information, d'essayer de voir les choses à long terme et de les mettre en perspective.

La seconde chose, c'est d'accepter d'apprendre sur l'éducation des enfants. Apprendre des enfants eux-mêmes, et aussi en côtoyant des familles ayant intégré dans leur vie quotidienne des principes d'éducation fondés sur le respect de l'enfant et de ses besoins. On peut aussi rester avec des divergences. Certains couples parentaux fonctionnent en les classant en plusieurs catégories : celles où ils doivent absolument arriver à un accord pour pouvoir agir, celles où ils essaient d'arriver à un accord, et celles qu'ils acceptent de laisser en l'état, même si cela les irrite parfois. Quelle que soit la solution choisie, le but est de briser le cercle vicieux d'affrontements interminables et sans résultat, et de les remplacer par une vraie communication.

Nos réactions quand le papa et moi ne sommes pas d'accord ?

. . . .

. . . .

. . . .

. . . .

. . . .

. . . .

. . . .

Les valeurs que nous partageons sur son éducation :

. . . .

. . . .

. . . .

. . . .

. . . .

. . . .

. . . .

Anecdote :

Semaine 21

Sortir avec bébé

Même si, par moments et surtout dans les débuts, on peut avoir envie de rester tranquille à la maison avec le bébé, il y a d'autres moments où sortir prendre l'air, voir du monde, échanger avec d'autres adultes... relève de la nécessité vitale. Les fabricants de matériel de puériculture veulent nous faire croire (c'est bien sûr leur intérêt) que le bébé a besoin de tout un tas d'objets pour l'entourer, le contenir, le soutenir, le nettoyer, le nourrir... Et que par conséquent, si bébé est « en déplacement », tous ces objets doivent obligatoirement suivre. Ce qui fait que, pour beaucoup de parents, une sortie avec bébé relève d'un véritable déménagement : poussette, transat, sac de change avec couches, lingettes, lait de toilette..., biberons, boîte de lait, Thermos pour l'eau chaude ou chauffe-biberon, etc. Pas étonnant dans ces conditions que beaucoup hésitent avant de sortir.

Avec un bébé allaité et porté, en revanche, nul besoin de se transformer en déménageurs : bébé dans le porte-bébé, une couche dans la poche et le tour est joué ! Si l'on considère que, les premiers mois, le corps de la mère continue à être l'« habitat naturel » du bébé, on peut dire que le bébé allaité et porté transporte son habitat avec lui, et qu'il peut donc être à l'aise à peu près partout : chez des amis, au square, dans le bus, dans le métro, au restaurant, au café, dans une fête, à un mariage, en balade, en randonnée, voire au concert ou au cinéma !

Mes sorties

Ma première sortie avec bébé :

. . . .

. . . .

. . . .

. . . .

. . . .

. . . .

. . . .

. . . .

. . . .

. . . .

. . . .

. . . .

. . . .

. . . .

. . . .

Mon lieu de promenade préféré :

Semaine 22

Reconnaître la cause des pleurs ?

On lit très souvent dans les manuels de puériculture qu'au bout d'un certain temps, les parents deviennent capables de différencier les pleurs de leur bébé, selon qu'ils sont causés par la faim, la fatigue, la douleur, etc. Est-ce vrai ? Pour avoir posé la question à pas mal de mères, je peux dire que beaucoup avouent ne pas y arriver. Je dis bien « avouent », car, ayant lu qu'elles devraient pouvoir le faire sans problème, elles ont du mal à admettre qu'elles n'y arrivent pas : cela ne veut-il pas dire qu'elles sont de mauvaises mères, même pas capables d'identifier la source des pleurs de leur bébé ?

Les mères qui allaitent et offrent le sein à leur bébé dès qu'il pleure sont particulièrement dans le collimateur des critiques : comment, elles donnent le sein alors qu'elles ne savent pas si c'est vraiment la faim qui fait crier le bébé ?! Ces critiques ne prennent pas en compte le fait que, justement, le sein est une réponse à de nombreux besoins du bébé, et pas seulement à son besoin de nourriture, et qu'il peut donc apaiser toutes sortes de cris, sans que la mère ait à se torturer l'esprit pour savoir pourquoi l'enfant crie.

Bon, je ne dis pas qu'il est absolument impossible de savoir pourquoi son enfant crie. Les parents finissent en effet par reconnaître la source de certains pleurs, et aussi par être alertés quand un cri diffère des cris habituels (signe de douleur aiguë, par exemple). Mais de là à penser qu'on peut chaque fois « mettre une étiquette » sur le cri et y apporter automatiquement la réponse appropriée…

Semaine 23

Pas besoin de solides avant six mois !

Il fut un temps (dans les années 1960 et 1970) où médecins, fabricants de petits pots et parents semblaient engagés dans un concours à qui mettrait le plus tôt possible une cuillère dans la bouche des bébés : dès l'âge de deux mois, ceux-ci avaient droit non seulement aux bouillies, mais aussi aux fruits, aux légumes, à la viande... On en est revenu. Toutes les études récentes le montrent : non seulement une diversification alimentaire précoce est inutile, mais elle peut être nuisible. Les recommandations actuelles de l'OMS (Organisation mondiale de la santé), comme celles du ministère de la Santé, sont claires : jusqu'à six mois environ, les bébés n'ont besoin que de lait (si possible du lait maternel).

Vers six mois (voire un peu plus tard), les bébés sont prêts à goûter autre chose, et ils en manifestent souvent l'envie... en mettant la main dans l'assiette de papa ou maman ! Leur appareil digestif a mûri, leur coordination musculaire est meilleure (la langue peut transférer les aliments solides de l'avant à l'arrière de la bouche ; la main peut saisir des objets et les porter à la bouche), les dents commencent à apparaître... Pour autant, beaucoup de bébés ne sont pas encore prêts à faire de vrais « repas » : ils vont goûter une bouchée par-ci, une bouchée par-là, une cuillerée par-ci, une cuillerée par-là, les solides restant pendant encore tout un temps des « à-côtés » du lait, complétant et non remplaçant l'allaitement[23].

Bébé et la nourriture

Le premier aliment qu'il a goûté en dehors du lait :

. . . .

. . . .

. . . .

Sa réaction :

. . . .

. . . .

. . . .

Son premier repas solide :

. . . .

. . . .

. . . .

Sa réaction :

. . . .

. . . .

. . . .

. . . .

La première fois que mon enfant a bu dans un verre tout seul :

. . . .

. . . .

. . . .

. . . .

La première fois que mon enfant a mangé tout seul :

. . . .

. . . .

. . . .

. . . .

Semaine 24

Un autre enfant ? Oui, mais pas tout de suite !

On le sait, il n'est pas toujours facile de trouver un mode de contraception adapté à sa situation. C'est encore moins facile juste après un accouchement. Et quand on allaite, on entend vraiment tout et son contraire ! Alors, mettons les choses au point. Tous les moyens de contraception peuvent être utilisés pendant l'allaitement. Mais les pilules œstroprogestatives (voire, dans certains cas, les progestatives, surtout quand elles sont prises moins de six semaines après l'accouchement) comportent un risque sérieux de baisse de la lactation. Il vaut donc mieux les éviter si l'on souhaite allaiter longtemps.

Et oui, l'allaitement, pour peu qu'il s'agisse d'un allaitement complet et à la demande, et qu'on n'ait pas eu de retour de couches, protège aussi bien d'une nouvelle grossesse que la plupart des méthodes modernes de contraception – au moins pendant les six premiers mois. L'Organisation mondiale de la santé a diligenté sur le sujet des études de grande ampleur qui ont validé le consensus des experts. C'est maintenant une chose admise, qu'on trouve exposée dans les livres et dans les recommandations officielles[24].

Semaine 25

Il fait ses nuits ?

C'est sans doute la question à laquelle les nouveaux parents doivent répondre le plus souvent au cours des premiers mois. Si la réponse est non, on pense immanquablement que les parents sont nuls et ne savent pas y faire (et les parents le ressentent également), ou qu'ils sont laxistes et se préparent des lendemains difficiles, ou bien encore que l'enfant a un problème et que les parents sont bien à plaindre.

Le « politiquement correct » en la matière est tellement fort que bien des parents n'osent pas « avouer » (ou alors bien des années plus tard) que leur bébé se réveille encore la nuit, et prétendent qu'il a « fait ses nuits » dès un ou deux mois. Ils entretiennent ainsi un cercle vicieux du déni qui provoque doutes et angoisses chez tous les parents : si le fils du voisin a « fait ses nuits » à deux mois, comment se fait-il qu'au même âge, mon bébé se réveille encore plusieurs fois par nuit ?

Tous seraient sans doute soulagés d'apprendre les résultats d'enquêtes sur le sujet, qui montrent que les réveils nocturnes sont fréquents, et donc sans doute normaux, tout au long de la première année. Citons par exemple une étude finlandaise faite sur deux cent soixante-dix bébés, qui a montré que, jusqu'à trois mois, 90 % se réveillaient une à deux fois par nuit, qu'entre trois et cinq mois, ils étaient près des trois quarts à le faire, entre six et huit mois, les deux tiers, et encore 47 % entre neuf et douze mois[25].

Semaine 26

La vie de couple

Après une naissance, la vie du couple ne peut qu'être modifiée. Mais à quel point ? Bien des nouveaux parents se posent des questions à ce sujet dans les premières semaines, les premiers mois.

Du côté de la femme : mon corps est-il toujours désirable ? L'épisiotomie me fait toujours mal, est-ce normal ? Le soir, je suis vraiment trop fatiguée, je n'ai pas envie de faire l'amour, pourquoi mon compagnon ne le comprend-il pas ?

Du côté de l'homme : elle est toujours fatiguée, elle ne pense qu'au bébé, quand retrouverons-nous une vie sexuelle ? Dès qu'on est un peu seuls tous les deux, le bébé se réveille, et voilà, c'est encore raté ! Ou au contraire : c'est la mère de mon enfant, je ne la vois plus comme une amante.

Toutes ces interrogations, toutes ces craintes sont normales. Mais si le père et la mère n'en parlent pas ensemble, ils peuvent vite s'enliser dans des reproches non formulés et mettre en péril l'équilibre de leur couple. Et s'ils n'en parlent pas à d'autres couples, ensemble ou chacun séparément à des ami(e)s, ils risquent de croire que cela n'arrive qu'à eux. Alors que, s'ils en parlaient, ils se rendraient compte que cette période où la mère est « toute à son bébé », comblée par lui, et n'a pas la tête aux câlins avec son conjoint, cette période est normale, qu'elle concerne la plupart des nouveaux parents[26], et… qu'elle n'a qu'un temps.

Papa et Maman sont amoureux !

Rencontre

On s'est rencontrés le : ....

Dans quelles circonstances ? ....

....

....

....

On s'est installés le : ....

Quand et comment avons-nous découvert que bébé était là ?

....

....

....

....

....

....

Sa naissance a changé quoi dans ma vie ?

Sa naissance a changé quoi dans la vie du Papa ?

Semaine 27

Libérez les bébés !

Parmi la multitude d'objets que les nouveaux parents sont censés acheter à la naissance d'un bébé, figurent un certain nombre de matériels où l'enfant est coincé/attaché/parqué : transat, poussette, siège auto, lit à barreaux, parc, etc. Certains peuvent être utiles voire incontournables (je pense au siège auto). Mais là où ils se révèlent nocifs, c'est lorsque l'enfant y passe le plus clair de son temps. On en voit trimballés de la maison à la voiture, de la voiture à la maison, sans jamais sortir du Maxi-Cosi® où ils restent coincés pendant des heures. En plus d'être mauvais pour leur colonne vertébrale, cela les empêche d'exercer leur liberté de mouvement.

Rien ne vaut de mettre le bébé allongé par terre sur le dos, sur un tapis. En son temps, il se retournera sur le ventre, puis se mettra à quatre pattes, pour ensuite se lancer, toujours à quatre pattes, à la découverte du monde. Les enfants que l'on n'a pas empêchés de se mouvoir et que l'on n'a pas mis dans une position qu'ils ne savaient pas encore prendre d'eux-mêmes (je pense à tous ces bébés qu'on assoit avant qu'ils ne s'assoient d'eux-mêmes, et qu'il faut bien caler pour les empêcher de s'affaisser), les enfants qu'on a laissés libres de découvrir par eux-mêmes les possibilités de leur corps et de leur environnement, se meuvent de façon beaucoup plus harmonieuse… et moins dangereuse : il est rare qu'ils se fassent mal, ils savent monter et descendre les escaliers à quatre pattes bien avant de marcher debout, etc.[27]

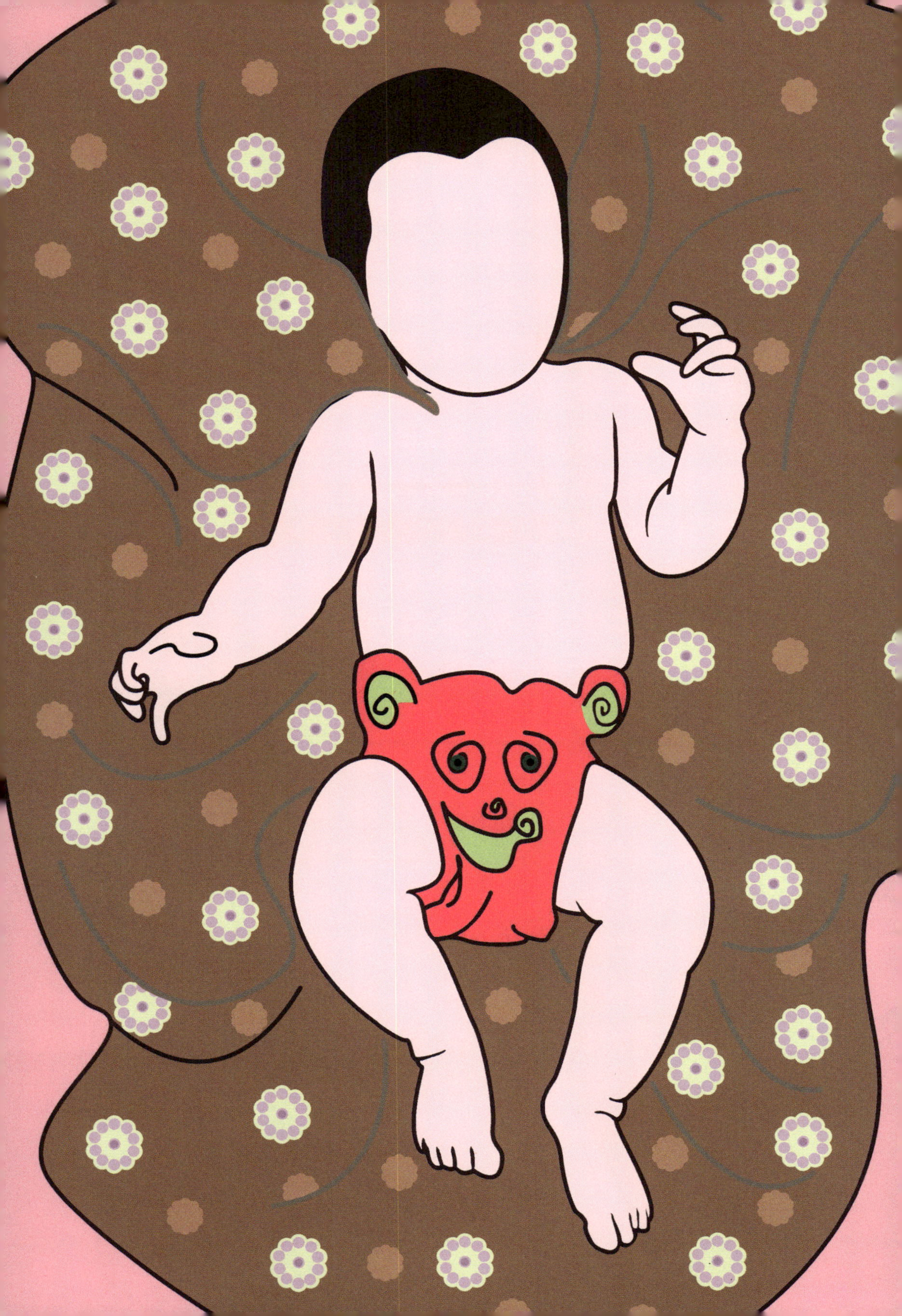

Semaine 28

Aménager la maison

Un bébé libre de se mouvoir va très vite courir partout à quatre pattes et explorer toute la maison. C'est le moment de savoir ce que l'on souhaite faire pour que cette exploration ne soit ni dangereuse pour lui ni catastrophique pour tous les objets auxquels on tient. La première option est de dire « non! » chaque fois qu'il s'approche d'un objet ou d'un endroit « interdit ». Voire de lui taper sur les doigts s'il n'obtempère pas. Cela s'appuie sur les réflexes conditionnés et relève du dressage, comme on le fait avec un animal.

L'autre option est – tant qu'il n'est pas assez grand pour comprendre le danger ou ne pas abîmer l'objet de sa curiosité – d'installer hors de sa portée tout ce qui peut être dangereux ou fragile. Voire de repenser l'aménagement de la maison, afin de lui créer un environnement à sa mesure, avec notamment des meubles adaptés à sa taille et conçus pour favoriser son autonomie. Car un tout-petit est généralement très avide de faire « tout seul », de faire « comme les grands ». Mais notre environnement d'adultes, nos meubles d'adultes, nos outils d'adultes... ne lui permettent pas de faire ses expériences dans la vraie vie, car ils ne sont pas à sa taille. D'où l'intérêt de la démarche montessorienne de Jeannette Toulemonde qui, dans son ouvrage *Le Quotidien avec mon enfant*[28], donne plein d'idées faciles à réaliser et de détails matériels tout simples permettant de donner vraiment sa « place à l'enfant ».

Semaine 29

Maigrir après bébé

Même si l'on sait qu'après une grossesse, le corps ne redeviendra jamais tout à fait le même qu'avant, on a quand même légitimement envie de perdre les kilos pris pendant ces neuf mois.

Or, que sont ces kilos, si on leur enlève le poids du bébé à la naissance, celui du placenta et du liquide amniotique et une éventuelle rétention d'eau ? Des graisses prévues par la Nature comme réserves en vue de l'allaitement. Si l'on n'allaite pas, elles ne seront pas utilisées dans cette intention, et il faudra donc faire quelque chose pour les faire partir.

Si l'on allaite, en revanche, il y a de fortes chances pour qu'on retrouve plus facilement et sans effort son poids d'avant la grossesse et sa ligne. Peut-être pas tout de suite, mais c'est généralement le cas au bout de quelques mois d'allaitement. À condition bien sûr de ne pas manger comme quatre sous prétexte de « manger pour deux » : comme la femme enceinte, la femme qui allaite utilise mieux sa ration alimentaire (son métabolisme est différent) et les apports généralement recommandés sont sans doute surestimés.

Et si, malgré l'allaitement, on a encore des kilos à perdre, rien n'empêche de faire un régime modéré pendant qu'on allaite, à condition de respecter quelques règles de prudence : attendre deux ou trois mois après l'accouchement ; éviter les régimes trop restrictifs[29] ; ne pas chercher à perdre plus de 2 ou 3 kg par mois ; et ne pas oublier l'exercice physique, qui aide beaucoup et, en plus, met en forme !

Semaine 30

Bébé est malade

On le sait, un bébé allaité est beaucoup moins souvent et gravement malade qu'un bébé nourri au biberon. Cela peut quand même lui arriver. Et, dans ce cas, il a encore plus besoin d'être allaité. Il ne se prive d'ailleurs pas de le faire savoir : il veut constamment être dans les bras, le sein dans la bouche. C'est que l'allaitement lui apporte alors tout ce dont il a besoin pour mieux supporter sa maladie : le contact rassurant de sa mère, un aliment complet et parfaitement digeste, qui sera souvent la seule nourriture acceptée par son organisme (impliquant donc moins de vomissements, et un risque moindre de déshydratation).

Téter l'aidera aussi à guérir mieux et plus vite. En effet, tous les facteurs anti-infectieux que contient le lait maternel se mettent alors en branle pour combattre la maladie. Et cela selon plusieurs mécanismes bien décrits par le docteur Jack Newman : « Certaines molécules se lient aux micro-organismes dans les intestins, les empêchant de se fixer sur la muqueuse et de traverser cette couche de cellules. D'autres molécules diminuent la disponibilité de sels minéraux et de vitamines dont les bactéries ont besoin pour survivre dans le système digestif. Certaines cellules immunitaires du lait humain attaquent directement les micro-organismes, d'autres libèrent des substances qui stimulent les réactions immunitaires du nourrisson. » Autrement dit, le lait maternel empêche les microbes de passer, les affame ou leur tombe dessus ; et, la plupart du temps, il fait tout ça à la fois !

La santé de mon enfant

Son premier souci de santé était :

. . . .

. . . .

. . . .

Comment ai-je réagi ? Et le Papa ?

. . . .

. . . .

. . . .

. . . .

. . . .

Son médecin s'appelle :

. . . .

Anecdote :

Semaine 31

Maman est malade

Quand la mère d'un bébé tombe malade, elle s'inquiète de savoir comment elle va pouvoir continuer à prendre soin de lui. Si elle l'allaite, c'est facile : se mettre au lit avec lui et le laisser téter. Pas besoin de se lever pour préparer un biberon... Or, malheureusement, très souvent, le premier avis médical qu'elle va recevoir est au contraire... d'arrêter l'allaitement. Les raisons invoquées ? L'allaitement la fatigue et risque de compromettre sa guérison ; elle risque de transmettre sa maladie à l'enfant ; les médicaments qu'elle doit prendre sont incompatibles avec l'allaitement.

Dans l'immense majorité des cas, ces raisons sont tout simplement fausses. Quand la mère commence à éprouver les premiers symptômes de la maladie, son bébé a bien souvent déjà été exposé, parfois depuis plusieurs jours, à l'agent infectieux. La poursuite de l'allaitement ne peut que l'aider à éviter d'attraper lui-même la maladie, ou, s'il l'attrape, à l'avoir sous une forme atténuée. Et ce grâce aux anticorps et autres facteurs immunitaires contenus dans le lait maternel. Quant aux médicaments, il faut savoir que, contrairement à ce qu'on pense et à ce qu'on lit sur les notices, très peu d'entre eux sont vraiment incompatibles avec l'allaitement, et il est exceptionnel de ne pas pouvoir en trouver un qui soit sans risque pour l'enfant, dans toute la panoplie existante[30].

Anecdote :

Semaine 32

Bébés mordeurs

On le sait, à partir d'un certain âge, les bébés « mettent tout à la bouche », bavent dessus, se font les gencives, et, quand les premières dents apparaissent, mordent carrément tout ce qu'ils trouvent. Pas de problème s'il s'agit du hochet, de l'anneau de dentition (c'est même fait pour!), du doudou ou autre bout de tissu, de la peluche, de l'album cartonné... ou tout autre objet inanimé. Par contre, si les dents toutes neuves s'exercent sur une cible animée, c'est une autre histoire. Ce peut être l'épaule de papa qui vous porte dans les bras, le bras du petit copain à la crèche, la queue du chat ou... le sein de maman.

C'est là qu'il faut signifier au bébé qu'il y a des choses qu'on ne doit *pas* mordre. De toute façon, la réponse instinctive d'une mère en cas de morsure est de crier et de sursauter. La plupart des bébés vont réagir en lâchant instantanément le sein, et comprendront que mordre le sein n'est pas une chose à faire. Quelques-uns seront tellement bouleversés qu'ils n'oseront plus téter du tout, entamant une véritable « grève de la tétée ». Il faudra parfois beaucoup de patience pour faire comprendre au bébé qu'il a toujours le « droit » de téter. D'où l'intérêt de rester modérée dans ses réactions... dans la mesure du possible! Mais rassurez-vous, beaucoup de bébés ne mordent jamais. Et ceux qui le font s'arrêtent très vite si la mère, après leur avoir fait lâcher le sein, leur explique fermement qu'il n'est pas question qu'ils recommencent... et leur offre quelque chose à mordre à la place!

Ses premières dents

Il ou elle a eu ses premières dents le :

....

....

....

Racontez ses réactions :

....

....

....

Les vôtres :

....

....

....

Et les autres dents :

. . . .

. . . .

. . . .

. . . .

. . . .

. . . .

. . . .

Dans quel ordre d'apparition les dents sont-elles sorties ?

. . . .

. . . .

. . . .

. . . .

. . . .

. . . .

. . . .

Semaine 33

Bébés signeurs

On sait que, dès huit mois, les enfants maîtrisent suffisamment les muscles de leurs bras et de leurs mains pour communiquer grâce à des gestes (ils font « au revoir », « bravo », « les marionnettes », pointent du doigt ce qu'ils veulent, etc.), mais qu'il leur faudra attendre dix-huit mois en moyenne pour prononcer leurs premiers mots. D'où l'idée, venue des États-Unis, d'enrichir la communication entre l'enfant et l'adulte grâce à la langue des signes utilisée par les sourds. Cela permet à l'enfant de faire connaître ses besoins et envies (téter, encore, pomme, livre, dormir, pipi, etc.), ses sensations (froid, ça brûle, ça gratte) ou ses émotions (content, en colère, rire, peur, etc.), et au parent de mieux les comprendre[31].

Les études ont montré que cela réduit la frustration chez les bébés et les parents (combi[illegible] colères viennent du fait que le bambin n'arrive pas à exprimer ce qu'il veut ou ressent ?), a un impact favorable sur le lien parent-enfant, et enfin que les bébés signeurs apprennent à parler plus tôt et ont alors un vocabulaire plus large et plus précis. Les parents peuvent bien sûr communiquer ainsi avec l'enfant, mais aussi les frères et sœurs, les grands-parents, les personnes qui gardent l'enfant (savez-vous qu'un dixième des crèches new-yorkaises proposent la langue des signes ?), etc.

Semaine 34

Il grossit bien ?

Les premiers mois, la façon dont le bébé prend ou non du poids est une préoccupation majeure des parents, de l'entourage familial et médical. Il est vrai qu'un bébé qui grossit bien est *a priori* un bébé en bonne santé, qui se développe normalement. Mais cette légitime préoccupation ne doit pas tourner à l'obsession. Combien d'allaitements ont capoté en raison de la consigne donnée autrefois dans les maternités de « peser avant et après la tétée » ? Dans les années 1960 et 1970, combien de bébés ont été gavés de farines dès l'âge de deux mois pour en faire de « beaux bébés » pleins de bourrelets ? Combien d'allaitements tournent court au bout de quelques mois parce que le bébé prend moins de poids qu'il n'est censé prendre ? Sans compter les bébés qu'on veut mettre au régime parce qu'ils prennent « trop » !

On dispose maintenant de courbes de croissance établies par l'OMS à partir de l'observation de douze mille bébés de Norvège, Inde, États-Unis, Ghana, Oman et Brésil, allaités toute la première année dont au moins quatre mois exclusivement. Par rapport aux courbes utilisées jusqu'ici, on constate que les bébés allaités prennent en moyenne plus les premiers mois, et moins entre six et douze mois (surtout les filles)[32]. Et pour savoir si un bébé est en bonne santé, certes il faut de temps en temps regarder la balance, mais, plus important encore, il faut regarder l'enfant !

Semaine 35

L'allaitement, c'est dans la vie !

On a souvent tendance à montrer de l'allaitement une image idéalisée et donc peu réaliste. Ce que j'appelle l'allaitement « à la David Hamilton » : la mère joliment habillée de dentelles vaporeuses, bien coiffée et maquillée, assise dans son rocking-chair, tendrement penchée vers son bébé qu'elle allaite en le regardant les yeux dans les yeux, le tout nimbé d'une lumière douce et légèrement brumeuse… En général, la réalité est tout autre. Les débuts ont pu être difficiles ; les premières semaines, on a du mal à trouver le temps de prendre sa douche ; l'aîné veut absolument que vous vous occupiez de lui pendant la tétée du bébé ; la maison est sens dessus dessous ; etc.

Et même si on correspond à cette image les premières semaines, qui a envie de rester pendant des mois assise dans son rocking-chair, les yeux dans les yeux de son bébé ?! S'il veut durer, l'allaitement se doit d'être intégré dans la vie. Et de fait, on peut faire plein de choses en même temps qu'on donne le sein, et on peut donner le sein en faisant plein de choses ! Lire, écrire, surfer sur Internet, téléphoner, regarder la télé, raconter une histoire à l'aîné, prendre un pot avec les copines, assister à un spectacle, se promener avec le bébé (on peut allaiter le bébé porté en écharpe ou avec un sling)… que sais-je encore ? On peut même allaiter en voiture. Si, si : la maman (qui ne conduit pas !) assise juste à côté du siège auto et qui se penche vers le bébé, sans se détacher et sans le détacher. Acrobatique, certes, mais ça marche !

Semaine 36

Le burn-out maternel

Tel est le sous-titre de l'ouvrage publié en 2005 par Violaine Guéritault[33]. Psychologue de formation, consultante en entreprise sur les thèmes du burn-out et du stress au travail et aussi… mère de deux enfants, celle-ci a montré que, si être mère est un bonheur immense, c'est aussi une situation « à risque » qui expose les femmes à une intense fatigue physique et émotionnelle, et peut les amener à cet épuisement qu'est le burn-out.

Elle identifie plusieurs caractéristiques du « travail de mère » qui peuvent l'expliquer: haut niveau de responsabilité vingt-quatre heures sur vingt-quatre et trois cent soixante-cinq jours par an[34], multitude de stress, partage des tâches pas toujours équitable, tâches répétitives, priorités mal définies, absence de formation, contraintes de temps, absence de contrôle, situations imprévisibles, absence de reconnaissance, etc. Les solutions pour l'éviter? Identifier le problème; dire stop à la solitude; revoir ses priorités et aller à l'essentiel; se faire aider; prendre soin de soi; apprendre à dire non; savourer les petits plaisirs de la vie; accepter ses limites. Et, si le burn-out est là, ne pas hésiter à se faire aider par un professionnel compétent.

Semaine 37

L'allaitement long, c'est bon pour les enfants

Chez nous, dès que l'allaitement dépasse quelques semaines, la mère est assaillie de questions, de remarques, de critiques… qui toutes se ramènent à l'idée qu'au-delà de tel âge (variable selon les gens), l'allaitement ne sert plus à rien et/ou peut être nocif. Alors, redisons-le, de concert avec l'OMS et notre ministère de la Santé[35] : allaiter au-delà des premiers mois, c'est bon pour la santé, et cela ne comporte aucun des inconvénients qu'on agite comme des épouvantails (trop grande fusion, dépendance de l'enfant, problèmes de couple, etc.).

En fait, tant que dure l'allaitement, le lait de la mère reste ce qu'il est depuis le début : un aliment complet, équilibré et parfaitement adapté aux besoins de l'enfant, riche en acides gras essentiels pour construire son cerveau, en facteurs de protection (les fameux anticorps), etc. Et toutes les études récentes le montrent : les effets de l'allaitement sur la santé future de l'individu sont « dose-dépendants ». C'est-à-dire que plus l'allaitement a duré, plus ces effets sont grands[36].

Comment s'est passé mon allaitement ?

Quel est le lieu le plus insolite où j'ai allaité ?

. . . .

. . . .

. . . .

. . . .

. . . .

. . . .

. . . .

. . . .

. . . .

. . . .

. . . .

. . . .

. . . .

. . . .

. . . .

. . . .

. . . .

. . . .

Semaine 38

C'est bon aussi pour les mamans !

Le bébé allaité n'est pas le seul à profiter des bienfaits de l'allaitement pour la santé. Sa mère elle aussi en tire profit : diminution du risque d'hémorragie du post-partum, aménorrhée plus ou moins prolongée (et donc moins de risques d'anémie), plus grande facilité à retrouver sa ligne, meilleur état général, meilleure gestion du stress… Et à plus long terme : diminution du risque pour le cancer du sein et les autres cancers féminins, diminution du risque d'ostéoporose, diminution du risque d'apparition d'un diabète de type II… Et là aussi, les effets sont « dose-dépendants », c'est-à-dire que plus longtemps on a allaité, plus la protection est grande.

Un exemple ? La méta-analyse publiée en 2002 par la revue *The Lancet*, après avoir analysé les données de quarante-sept études épidémiologiques réalisées dans trente pays sur près de cent cinquante mille femmes, concluait que le risque d'être victime d'une tumeur maligne du sein décroît de 4,3 % pour chaque tranche de douze mois d'allaitement. Un autre exemple ? Une étude américaine de 2005 a montré que les femmes qui avaient allaité pendant au moins un an avaient environ 15 % de moins de risques de développer un diabète de type II que celles qui n'avaient pas allaité du tout ; et que chaque tranche de douze mois d'allaitement supplémentaire diminuait le risque de 15 % !

Semaine 39

Confier son bébé

Que l'enfant soit gardé par un membre de la famille, par une personne à domicile, par une assistante maternelle ou dans une structure collective, il est important d'avoir une période d'adaptation afin que la séparation se fasse le plus en douceur possible. Plus cette période sera longue, plus l'enfant aura eu d'occasions de côtoyer ces nouvelles personnes en la présence rassurante de sa maman ou de son papa, plus il sera familiarisé avec le lieu et les gens, plus il se sentira « chez lui », et plus les parents seront rassurés de leur confier leur enfant.

Il sera souhaitable également de discuter avec l'assistante maternelle ou le personnel de la crèche de vos préférences (par exemple faire boire au bébé le lait maternel tiré, comment le gérer, comment le donner[37]). Il est en particulier bon d'expliquer la réponse que l'on souhaite voir donner à ses besoins de contact et de chaleur humaine : ne pas le laisser pleurer seul dans son coin, le bercer, le porter, etc.

Parler au bébé, lui expliquer ce qui va se passer… est bien sûr important. Mais il est sans doute encore plus important de s'assurer que le bébé soit accueilli par des personnes bienveillantes, qui connaissent ses besoins et soient prêtes à y répondre.

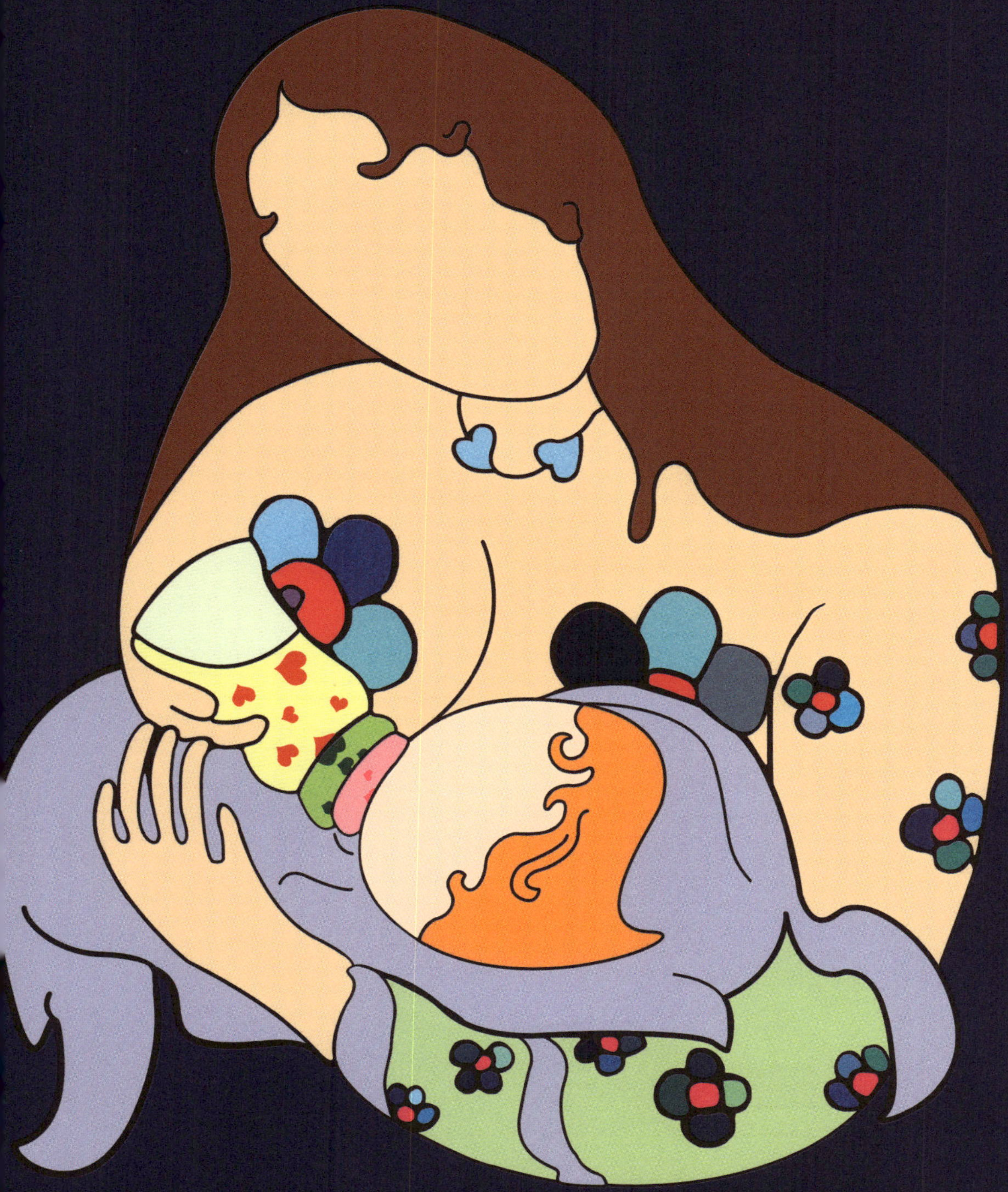

Semaine 40

Bébé à l'hôpital

Quand un bébé est hospitalisé, que ce soit ou non en urgence, c'est un choc pour lui et pour ses parents. Ceux-ci, envahis par la peur ou l'inquiétude, se laissent alors souvent déposséder de leur enfant, que l'équipe médicale promet de « prendre en charge ». Pourtant, le bébé hospitalisé a un besoin vital de la présence de ses parents[38]. Même si, dans certains établissements, on commence à admettre que la place des parents est auprès de leur enfant souffrant, même et surtout pendant les examens et traitements douloureux, beaucoup de parents doivent encore se battre pour rester avec leur enfant, pour dormir sur place, pour être là quand il se réveille de l'anesthésie, etc.[39]

Rappelons à cette occasion que, si le bébé est allaité, beaucoup d'examens et de traitements peuvent être faits alors qu'il est au sein. Et que continuer à l'allaiter pendant son hospitalisation ne pourra que lui être bénéfique, en lui apportant à la fois un aliment de premier choix, facile à digérer et bourré d'anticorps, et une nourriture affective qui l'aideront à supporter cette épreuve.

Si bébé est allé à l'hôpital...

Racontez :

. . . .

. . . .

. . . .

. . . .

. . . .

. . . .

. . . .

. . . .

. . . .

. . . .

. . . .

. . . .

. . . .

. . . .

. . . .

Papa raconte :

Semaine 41

Le continuum, qu'est-ce que c'est ?

Écrit en 1975, le livre de l'Américaine Jean Liedloff[40] est rapidement devenu un livre culte pour tous les tenants d'un maternage « proximal ». De sa vie avec des Indiens d'Amazonie, les Yequanas, elle a tiré l'idée que les bébés ont besoin, les premiers mois, d'être portés (ce qu'elle appelle la « phase dans les bras ») parce qu'ils ont besoin « de participer à la vie active d'une personne, d'être en contact physique permanent avec elle et d'être éveillés aux expériences qu'ils rencontreront plus tard ». En répondant à ce besoin, on respecte ce qu'elle appelle le « continuum » et on obtient un enfant calme et heureux, car en accord avec son attente de la vie. Depuis 1975, ces idées se sont diffusées et paraîtront sans doute moins révolutionnaires qu'il y a trente ans.

La seconde moitié du livre, dans laquelle Jean Liedloff parle de l'enfant qui commence à se déplacer à quatre pattes, pourra par contre étonner et prêter à controverse. Beaucoup admettront sans doute difficilement qu'un enfant dont on a respecté le continuum ne se mettra jamais en danger et n'aura pas d'accident. À la fin du livre, elle aborde les maux de nos sociétés modernes qui, selon elle, viennent pour la plupart d'entre eux du fait qu'on n'a pas respecté le besoin de continuum des premiers mois.

Semaine 42

Faut-il faire des choses avec son bébé ?

Dans son ouvrage, Jean Liedloff remet en cause un autre des dogmes de la « bonne parentalité » à l'occidentale : le fait qu'un bon parent, c'est un parent qui joue avec son bébé ou bambin, qui « fait des choses » avec lui, qui est « centré » sur lui. Parlant des Indiens yequanas avec lesquels elle a vécu, elle écrit : « Il leur arrive certes de câliner leurs bébés, de leur faire "coucou" ou de chanter pour eux. Mais la personne qui s'occupe d'un bébé passe la plus grande partie de son temps à s'occuper... d'autre chose que du bébé ! [...] Les bébés yequanas sont sans cesse au milieu d'activités auxquelles ils participeront plus tard, à mesure qu'ils grandiront. »

Pour elle, « si, tout au long de la journée, on joue avec l'enfant, on lui parle, on l'admire..., on le prive de cette phase dont il a besoin : être spectateur, porté dans les bras. Incapable de dire ce dont il a besoin, il va exprimer son mécontentement. Bien sûr il essaie d'attirer l'attention de la personne qui s'occupe de lui, mais – et c'est là la cause d'un malentendu bien compréhensible – son but est de l'amener à changer d'attitude, à s'occuper de ses affaires avec confiance, sans paraître lui demander sa permission. Dans la mesure où un bambin veut apprendre ce que font les adultes, il veut pouvoir centrer son attention sur un adulte lui-même centré sur ses activités d'adulte ». Donc, « faire des choses » avec son bébé ? Oui, mais plutôt faire des choses d'adulte, son bébé avec soi, que passer sa journée à faire des choses de bébé !

Semaine 43

Bébé fait la grève

Il arrive qu'alors que l'allaitement se passait très bien jusque-là, tout d'un coup, un bébé refuse le sein. Si le bébé en question a quelques mois, cette « grève de la tétée » risque fort d'être interprétée par l'entourage de la mère, voire par la mère elle-même, comme le signe que le bébé veut se sevrer. Il n'en est rien : un sevrage à l'initiative de l'enfant n'est *jamais* brutal, ne se passe *jamais* comme ça du jour au lendemain. Mais alors, pourquoi bébé refuse-t-il le sein ?

Probablement parce que, tout d'un coup, la tétée est devenue désagréable voire douloureuse. Les raisons ? Elles peuvent être multiples : le bébé a des aphtes dans la bouche ; le bébé a mordu le sein et la mère a réagi un peu trop vivement ; le bébé est enrhumé et a le nez bouché ; etc. Les solutions ? Si possible identifier la cause et y remédier. Et dans tous les cas, « réapprivoiser » le bébé pour qu'il soit à nouveau convaincu du bonheur de téter : lui proposer le sein dans une autre position et un autre environnement que d'habitude, l'allaiter quand il est à moitié endormi, en marchant, prendre un bain avec lui, favoriser le plus possible le contact peau à peau, rencontrer d'autres mères qui allaitent… et essayer de se détendre. Fort heureusement, la plupart des grèves se résolvent en deux ou trois jours et rien ne peut égaler la joie qui inonde la mère et le bébé quand ils se retrouvent ainsi. Cela aurait vraiment été trop bête de confondre cet épisode avec un sevrage…

Semaine 44

Pour une parentalité sans violence

Quand on pense violences à enfant, on pense coups, on pense gifles, on pense fessées, on pense tapes[41]. Mais ce n'est pas seulement cela. Il y a aussi le bébé qu'on secoue en espérant le faire taire[42].

Le bébé qu'on force à « faire ses nuits » en le laissant pleurer tout seul dans son lit.
Le bébé qu'on attache dans son transat pendant des heures et qu'on empêche de se mouvoir librement.
Le bébé qu'on force à rester sur le pot.
Le bébé qu'on veut « socialiser » à deux mois et demi en le mettant à la crèche.
Le bébé auquel on fait un soin douloureux sans tenter d'apaiser sa douleur.
Le bébé sur lequel on crie sans arrêt.

Sont-ce là des « violences légères » et donc admissibles ? N'apprennent-elles pas à l'enfant que le monde est un endroit dur, contre lequel il faut se blinder en s'insensibilisant ? Quitte à faire subir ensuite à autrui ce qu'on vous a fait subir ? Alors que si l'on est attentif aux réels besoins du bébé et à ce qu'il est vraiment capable de faire à tel ou tel âge, si on l'aide à grandir à son rythme, sans violence ni forçage inutile, dans la communication, l'échange, la relation, la parole et l'amour, bref dans la « bien-traitance », on a toutes les chances d'en faire un adulte solide, confiant et aimant.

Semaine 45

Un bébé difficile ?

Quand un bébé tète « tout le temps », quand un bébé ne supporte pas d'être posé, quand un bébé pleure souvent, on a vite fait de le cataloguer comme un bébé « difficile », qui va en faire voir à ses parents. Mais, même s'il est en effet sans doute plus difficile d'être les parents d'un tel bébé, ne vaudrait-il pas mieux l'appeler « bébé aux besoins intenses » plutôt que « bébé difficile » ? Car c'est bien de cela qu'il s'agit: d'un bébé qui, pour une raison quelconque (plus grande sensibilité? moindre tolérance au mal-être? malaise physique?), a, encore plus que les autres bébés, besoin d'être en contact avec ses parents, besoin d'être porté, besoin d'être bercé, besoin d'être massé…

Tous les bébés sont par moments des « bébés aux besoins intenses » : les fins d'après-midi, les jours de déménagement, les nuits de pleine lune… La différence (et elle est de taille pour les parents et les bébés qui la vivent!), c'est que chez les « bébés aux besoins intenses », il ne s'agit pas de moments, mais de la trame même de la vie quotidienne. Quand on est parent d'un tel bébé, on a encore plus besoin d'être soutenu dans son parentage, de parler avec d'autres parents dans le même cas, de savoir que si l'on répond vraiment à ses besoins quand ils se manifestent, l'enfant pourra un jour aller de l'avant, s'ouvrir au monde, heureux de vivre, plein de confiance en lui et en les autres. Sans traîner, comme tant d'adultes, ce besoin jamais satisfait, tel un vieux « doudou » qui s'effiloche.

Semaine 46

Frères et sœurs

Quand on a son premier enfant et qu'on envisage d'en faire un deuxième, on se demande souvent avec inquiétude comment on pourra l'aimer autant qu'on aime celui-là. Ou bien l'on a peur de léser l'aîné en l'obligeant à partager cet amour avec un petit frère ou une petite sœur. Et puis, le bébé naît et l'on tombe raide dingue amoureux de lui, comme on l'a fait la première fois. Et l'on s'aperçoit que, comme on dit, l'amour des parents pour leurs enfants ne se divise pas, il se multiplie. Cela dit, le temps, lui, ne se multiplie pas. Et la vie avec plusieurs petits, surtout s'ils sont d'âges rapprochés, peut se révéler très acrobatique. C'est le moment, encore plus qu'avec un seul enfant, de savoir établir des priorités et laisser tomber tout ce qui n'est pas indispensable. C'est le moment aussi d'apprendre à faire plusieurs choses à la fois ! Du genre donner le sein au bébé en même temps qu'on lit un album au bambin ou qu'on aide le plus grand à faire ses devoirs...

Bien sûr, un cadet n'aura jamais l'attention totale des parents qu'a pu avoir l'aîné. Mais il aura ce que n'aura jamais l'aîné : un grand frère ou une grande sœur. Et, croyez-moi, c'est passionnant pour un bébé de voir évoluer un grand, de le voir jouer, cavaler, de l'entendre parler, chanter, crier. Et c'est une des choses (en plus de l'expérience acquise) qui font qu'il est tellement plus facile d'élever un deuxième enfant : une bonne partie des « distractions » du bébé est assurée par la simple activité de l'aîné !

Semaine 47

Vacances avec bébé

Comme on l'a déjà dit (voir « Sortir avec bébé », semaine 21), la première année, l'essentiel de l'« environnement » du bébé, ce sont ses parents. Il est donc tout à fait possible de l'emmener un peu partout, sans qu'il soit particulièrement perturbé. On peut même l'embarquer vers des contrées lointaines, lui faire prendre l'avion ou le bateau, lui faire visiter l'Inde ou la Chine… En fait, il est même plus facile de faire tout cela avec un bébé de quelques mois, qui sera très content de passer son temps à téter, dormir et se balader sur le dos de papa ou maman, qu'avec un plus grand, qui aura d'autres exigences. Un voyage en avion avec un bébé allaité se passe généralement très bien (pensez à lui donner le sein lors du décollage et de l'atterrissage).

Pour un bébé allaité, nul besoin de se préoccuper des conditions sanitaires dans le pays où l'on se rend, ni de la qualité de l'eau, ni de la sûreté de l'approvisionnement en lait en poudre : il dispose en permanence d'une nourriture complète, fraîche et non contaminée, et ne risque pas la « *turista* » ! Cela dit, certains bébés plus sensibles sont quand même perturbés par les changements de lieu, le fait de voir trop de nouvelles personnes et trop de lieux différents. Cela peut notamment retentir sur leur sommeil. À vous de voir comment réagit votre bébé : dans certains cas, mieux vaut tranquillement passer les vacances à la maison !

Les premières vacances

Elles se sont passées à :

. . . .

. . . .

. . . .

. . . .

. . . .

. . . .

. . . .

. . . .

. . . .

. . . .

. . . .

. . . .

. . . .

. . . .

. . . .

Comment bébé a-t-il réagi ?

Anecdote :

. . . .

. . . .

. . . .

. . . .

. . . .

. . . .

. . . .

. . . .

Semaine 48

Des grands-parents bienveillants

Le rôle des grands-parents est d'aimer leurs petits-enfants et de soutenir leurs enfants dans leur rôle de parents. Ce soutien peut prendre un aspect matériel (argent, cadeaux, travail ménager – surtout important les premières semaines –, garde occasionnelle des enfants...). Mais le plus important pour vous n'est sans doute pas là : il est dans le fait que vos parents vous reconnaissent pleinement en tant que parents de vos enfants, vous respectent et vous valorisent en tant que tels. Si vous avez fait le choix d'un maternage « proximal », il se peut que cela déroute beaucoup vos parents, qui n'ont peut-être pas allaité, ou pas très longtemps, pour qui faire dormir le bébé dans votre chambre est une hérésie dangereuse, et le porter beaucoup une mauvaise habitude.

Si, chaque fois que vous les voyez, vous essuyez critiques et remarques (« arrête de le porter tout le temps, tu vas le gâter », « s'il veut tout le temps téter, c'est sans doute que ton lait n'est pas assez nourrissant », etc.), vous pouvez réagir de deux façons. Vous pouvez décider de « laisser couler », en pensant que vos parents disent tout cela en pensant bien faire (ce qui est généralement le cas). Mais si ces critiques vous atteignent en profondeur et sapent la confiance que vous devez avoir en vos capacités de parents, mieux vaut peut-être – au moins temporairement – mettre de la distance. En espérant qu'avec le temps, vos parents finiront par s'apercevoir que vos choix éducatifs ne sont finalement pas si mauvais que ça[43] !

Mes parents ont réagi de cette façon avec moi :

. . . .

. . . .

. . . .

. . . .

. . . .

. . . .

. . . .

Comment ai-je ressenti cela?

. . . .

. . . .

. . . .

. . . .

. . . .

. . . .

. . . .

Les parents du Papa ont réagi de cette façon :

. . . .

. . . .

. . . .

. . . .

. . . .

. . . .

. . . .

Comment avons-nous ressenti cela?

. . . .

. . . .

. . . .

. . . .

. . . .

. . . .

. . . .

Semaine 49

Allaiter en public

On peut faire beaucoup de choses avec un bébé allaité[44]. À une seule condition : ne pas craindre d'allaiter où qu'on se trouve. On touche là un point sensible : beaucoup de femmes ne s'imaginent pas allaiter en public, devant des étrangers, voire devant des proches (combien se croient obligées d'aller allaiter dans la chambre quand il y a des invités au salon ?). Et ce parce qu'elles ne savent pas qu'avec un minimum d'entraînement et des habits adaptés[45], on peut allaiter en toute discrétion, sans découvrir ses seins.

Les femmes qui ont allaité au long cours ont toutes vécu des situations où les « autres » ont pensé que leur enfant dormait contre elles, alors qu'il était en train de téter. Ce que disent aussi ces femmes, c'est que lorsqu'on s'aperçoit que l'enfant tète, les réactions sont très majoritairement attendries, voire admiratives. Finalement, si l'on est soi-même à l'aise, il est facile d'allaiter en public en France[46]. Un petit bémol quand même : l'allaitement au-delà des premiers mois étant encore rare chez nous, il est souvent moins confortable d'allaiter en public un bambin qui marche et vient téter un petit coup avant de repartir jouer…

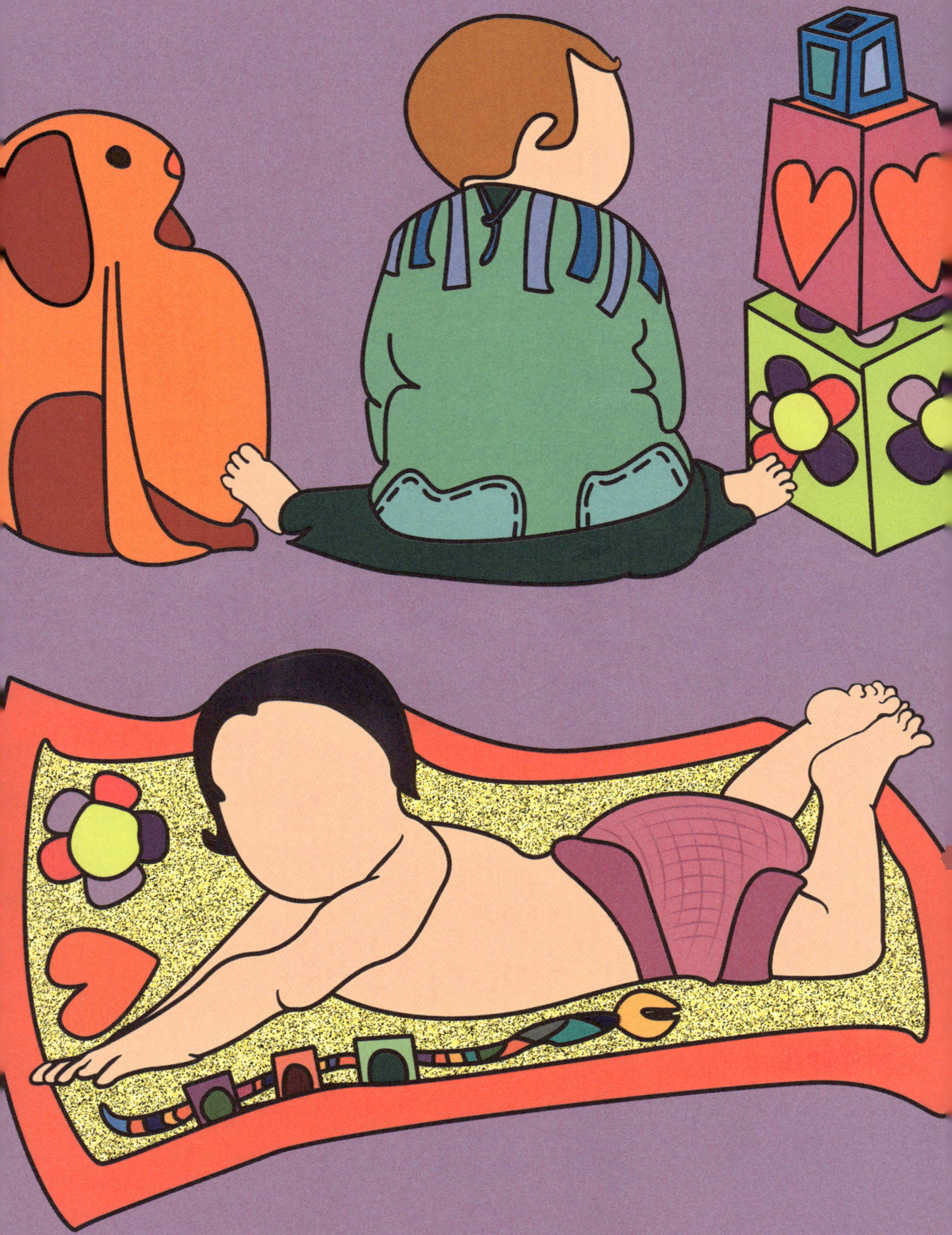

Semaine 50

Jeux coopératifs

Avant l'âge d'un an, il est bien sûr beaucoup trop tôt pour s'attendre à ce que le bébé joue à des jeux de société avec d'autres enfants ou des adultes! À cet âge, ses interactions prioritaires sont avec l'adulte ou les adultes qui s'occupent de lui. Gardé avec d'autres enfants du même âge, il est plutôt « à côté » d'eux qu'« avec » eux, même si de subtiles interactions ont pu être observées. Il n'est par contre pas trop tôt pour s'interroger sur ce qu'on a envie de faire plus tard, face à l'offre pléthorique de jeux dans le commerce.

En dehors des jeux dits « éducatifs » (dont l'utilité n'est pas démontrée), l'immense majorité de ces jeux sont des jeux compétitifs où le but est d'être le plus fort en écrasant les autres. On a beau répéter benoîtement que « l'essentiel n'est pas de gagner, mais de participer », tout prouve le contraire: l'important est bien de gagner, et malheur aux vaincus. La violence dans le monde a certes bien d'autres raisons que les jeux compétitifs, mais une éducation à la non-violence ne peut-elle commencer dès l'enfance? On trouve depuis quelques années en France des catalogues de jeux coopératifs qui intéressent les enfants, à la grande surprise de beaucoup de parents plutôt sceptiques au départ (« s'il ne peut pas gagner, ça ne va pas l'intéresser »)[47].

Bébé et le jeu

Ses jeux et jouets préférés :

. . . .

. . . .

. . . .

. . . .

. . . .

. . . .

Ses copains :

. . . .

. . . .

. . . .

. . . .

. . . .

. . . .

Anecdote :

Semaine 51

Toujours allaité à un an ?

Votre bébé va très bientôt souffler sa première bougie. Peut-être marche-t-il debout ? Et… il tète encore ! Peut-être n'aviez-vous jamais imaginé allaiter encore un bambin qui trottine. Mais voilà, les choses se sont faites au jour le jour. Vous n'avez pas vu de raison valable de refuser votre sein à votre enfant aujourd'hui plus qu'hier.

Mais allaiter un bambin dans notre société, ce n'est pas toujours évident, car, on l'a dit, cela attire remarques, critiques, interrogations : « Quand est-ce que tu arrêtes ? », « ça suffit comme ça, pas la peine de continuer », « là, vous vous faites plaisir, c'est tout », « vous le rendez dépendant », « attention à l'inceste », « vous allez en faire un homosexuel », etc. C'est là qu'il est utile, voire vital, de pouvoir rencontrer d'autres mères de bambins allaités[48], discuter avec elles, savoir ce qu'est la vie avec un bambin allaité, et avoir des arguments pour se convaincre qu'on fait le mieux pour son enfant et pour pouvoir répondre aux critiques. Savez-vous par exemple qu'une étude sur un millier d'adolescents néo-zélandais âgés de quinze à dix-huit ans[49] a montré que plus ils avaient été allaités longtemps, plus ils estimaient bons les liens qu'ils avaient avec leurs parents, et plus ils pensaient que leur mère s'était bien occupée d'eux ?

Qui veut
On a volé mes tétées
Cahier de

Semaine 52

Les bébés et les livres

Tout le monde connaît la fascination des tout-petits pour les livres et pour la lecture à haute voix[50]. Quel bonheur pour eux de les manipuler, de les feuilleter, même si c'est un peu rudement au début (les premiers temps, l'intérêt semble essentiellement tenir dans le fait de les déchirer et de les mâchouiller!).

Quelle joie, le soir avant le coucher, de se lover contre papa ou maman en écoutant pour la centième fois l'histoire des trois petits cochons tout en regardant les images... N'hésitez pas à commencer tôt, avec des albums adaptés aux bébés, par exemple les imagiers. Et continuez par la suite (et même quand votre enfant saura lire!) tant que c'est un plaisir partagé. Ne lisez pas un livre que vous n'aimez pas. Ne faites pas ça avec des arrière-pensées éducatives. Ne le faites pas pour que votre enfant apprenne à lire plus tôt, ni même pour qu'il devienne un « bibliophage ». Que cela soit simplement un bon moment que vous offrez à l'enfant et à vous-même. Et n'oubliez pas que vous pouvez aussi inventer des histoires pour vos enfants! Cela permet de créer des histoires « sur mesure » qui peuvent être un outil précieux d'aide à la parentalité[51].

Notes

1 Ou TISF, technicien(ne) de l'intervention sociale et familiale, leur nom actuel.

2 http://association-des-lactariums-de-france.fr/wp-content/uploads/MIC-QR-Biberons.pdf

3 Voir *Porter bébé. Avantages et bienfaits* (éditions Jouvence, 2006).

4 Pourtant, l'anthropologue américain Lampl avait découvert en 1995 que pendant les neuf dixièmes du temps, les nourrissons ne grandissent pas du tout, mais qu'en revanche, lors des poussées de croissance, ils peuvent prendre jusqu'à deux centimètres en moins d'une journée !

5 Voir *Partager le sommeil de son enfant* (éditions Jouvence, 2005).

6 Par exemple la baignoire Shantala, qu'on trouve sur de nombreux sites marchands de puériculture.

7 Voir l'ouvrage de Frédérick Leboyer, *Shantala*, paru pour la première fois en 1976 et réédité en 2004 (éditions du Seuil).

8 Par exemple : *Masser bébé, le toucher du cœur*, de Rachel Izsak Simonet (éditions Jouvence, 2004) et *Bébé bonheur, 35 massages de bien-être pour mon bébé*, d'Isabelle Gambet-Drago (éditions Manise, 2006).

9 Voir l'ouvrage d'Ashley Montagu, *La Peau et le Toucher* (éditions du Seuil, réédition 1999).

10 Voir *Porter bébé. Avantages et bienfaits* (éditions Jouvence).

11 Éditions ADA, 2003. Voir aussi le livre *Baby-gami* (éditions Tornade, 2007).

12 Voir *Ne pleure plus bébé!* (éditions Jouvence, 2008).

13 Pour en savoir plus: https://www.lllfrance.org/vous-informer/votre-allaitement/vie-quotidienne/1231-tirer-son-lait

14 Voir son ouvrage *Naître et grandir autrement* (éditions Desclée de Brouwer, 2001).

15 Voir son ouvrage *L'Enfant bien portant* (éditions du Seuil).

16 Voir sur son site: http://martinwinckler.com/article.php3?id_article=697

17 Voir l'ouvrage d'Ingrid Bauer, *Sans couches, c'est la liberté! À la redécouverte de l'hygiène naturelle du bébé* (éditions L'Instant présent, 2006).

18 Sous la direction d'Hélène Stork, *Les Rituels du coucher de l'enfant* (éditions ESF, 1993).

19 Ricardo Carbajal, « Traitement non pharmacologique de la douleur néonatale » (*Archives de pédiatrie*, 2005; 12: 110-116).

20 Sur les pleurs, voir *Ne pleure plus bébé!* (éditions Jouvence, 2008).

21 Voir « Tirer son lait », semaine 10.

22 Pour en savoir plus, voir le *Petit Guide de l'allaitement pour la mère qui travaille* (éditions Jouvence, 2e édition, 2016).

23 Pour en savoir plus, voir https://www.lllfrance.org/vous-informer/votre-allaitement/l-allaitement-au-fil-du-temps/1250-diversification-alimentaire, et le site sur la DME (diversification menée par l'enfant) : http://www.diversificationalimentaire.com/

24 Voir sur le site de la HAS, « Contraception chez la femme en post-partum », https://www.has-sante.fr/portail/upload/docs/application/pdf/2015-02/1e_maj-contraception-post-partum-060215.pdf

Pour en savoir plus sur le sujet, voir le dossier « Contraception, fertilité pendant l'allaitement » sur le site de la LLL : https://www.lllfrance.org/vous-informer/votre-allaitement/l-allaitement-au-fil-du-temps/1256-contraception-fertilite-et-allaitement

25 Pour en savoir plus, voir *Partager le sommeil de son enfant* (Jouvence, 2005).

26 Elle concerne également les mères qui n'allaitent pas. L'allaitement étant souvent chez nous considéré comme la cause de tous les maux, on peut être tenté de lui mettre aussi sur le dos les difficultés du couple !

27 Voir notamment les observations faites à la pouponnière de Loczy (Emmi Pickler, *Se mouvoir en liberté dès le premier âge*, éditions PUF, 1976).

28 Éditions L'Instant présent, 2013.

29 À savoir : les Weight Watchers ont un régime spécial femmes allaitantes.

30 Pour savoir ce qu'il en est, on peut notamment consulter le site du CRAT (Centre de référence sur les agents tératogènes) : www.lecrat.fr

31 Voir par exemple sur le site http://bebefaismoisigne.com/

32 Voir les courbes de l'OMS ici : https://www.lllfrance.org/1901-les-courbes-de-poids-de-l-oms

33 *La Fatigue physique et émotionnelle des mères. Le burn-out maternel* (Odile Jacob, 2005).

34 Les Américains ont chiffré le salaire virtuel d'une mère au foyer : elle gagnerait 138 095 dollars par an si elle était rémunérée pour toutes les heures (quatre-vingt-douze par semaine en moyenne) passées à réaliser des tâches très diverses : femme de ménage, aide maternelle, cuisinière, technicienne de machine à laver, concierge, opératrice d'ordinateur, gérante d'un bâtiment, conductrice, PDG et psychologue…

35 Les recommandations de l'une comme de l'autre sont : six mois d'allaitement exclusif, puis poursuite de l'allaitement avec des aliments de complément jusqu'à deux ans ou davantage (voir : http://solidarites-sante.gouv.fr/IMG/pdf/allaitement.pdf).

36 Sur l'allaitement long, voir *Allaiter plus longtemps* (éditions Jouvence, 2017).

37 Voir le *Petit Guide de l'allaitement pour la mère qui travaille* (éditions Jouvence, 2014).

38 L'association Sparadrap (www.sparadrap.org) milite en ce sens.

39 Alors qu'une circulaire datant de près de trente-cinq ans relative à l'hospitalisation des enfants (n° 83-24, 1er août 1983) dit que « les parents doivent pouvoir assister aux soins médicaux et infirmiers s'ils le souhaitent » et que « en tout état de cause, le père, la mère ou une autre personne qui s'occupe de l'enfant doit pouvoir rester auprès de lui aussi longtemps qu'ils le souhaitent ».

40 *Le Concept du continuum. À la recherche du bonheur perdu* (éditions Ambre, 2006).

41 Sur la nocivité des châtiments corporels, voir notamment l'Observatoire de la violence éducative ordinaire, www.oveo.org/

42 Au risque de lui infliger des dommages cérébraux irrémédiables, quand ce n'est pas mortels.

43 Voir *Le (Nouvel) Art d'être grand-parent. Quand nos enfants deviennent parents* (éditions L'Instant présent, 2010).

44 Je suis même allée au cinéma avec mes bébés les premiers mois, tant qu'ils ne couraient pas partout à quatre pattes !

45 Même si l'on trouve maintenant des vêtements d'allaitement (voir par exemple sur mamanana.com), on peut allaiter discrètement sans vêtements spéciaux (il suffit d'un haut séparé qu'on relève légèrement).

46 Les cas où des femmes se sont fait tancer dans divers endroits, qui font chaque fois le buzz sur Internet, sont en fait rares.

47 Voir par exemple ici : www.jeux-cooperatifs.com/

48 Par exemple dans les réunions de La Leche League, www.lllfrance.org

49 D.M. Fergusson and L.J. Woodward, "Breast-feeding and later psychosocial adjustment", (*Paedriatric and Perinatal Epidemiology*, 1999).

50 À préférer aux écrans, dont on mesure de plus en plus la nocivité pour les tout-petits ; voir par exemple la vidéo « Les écrans : un danger pour les enfants de 0 à 4 ans » (https://www.youtube.com/watch?v=9-eldSE57Jw).

51 Si vous avez peur de vous lancer, il existe des ateliers permettant d'acquérir la pratique de l'invention d'histoires.

Index

Cliquez bien-être !
www.editions-jouvence.com
Des auteurs
Experts
naturopathie
nouvelle parentalité
500 ouvrages de référence
CNV
psychologie positive
ho'oponopono
Des coups de cœur
à lire absolument
Plus de 75 nouveautés
chaque année
Des livres à prix doux
Feuilletez le catalogue en ligne !
⇨ Des newsletters
⇨ Des bons plans
⇨ Des surprises pour vous
info@editions-jouvence.com
© pace et © Beboy

Dépôt légal : octobre 2017.
Achevé d'imprimer en France par l'Imprimerie
de Champagne en septembre 2017.